訪仙門

방선문

사진 · 해설 : 현행복

각

訪仙門

사진/해설 · 현행복
펴낸이 · 박경훈
펴낸곳 · 도서출판 각
초판 인쇄 · 2004년 5월 10일
초판 발행 · 2004년 5월 18일

도서출판 각
주소 · 제주도 제주시 용담1동 264-1번지 3층
전화 · 064-725-4410
팩스 · 064-759-4410
e-mail · gakgak@empal.com
등록번호 · 제80호
등록일 · 1999년 2월 3일

ⓒ현행복, 2004

값 12,000원

ISBN 89-89719-40-2   03900

* 잘못된 책은 서점에서 바꾸어 드립니다.

목차

책머리에 · 7

방선문 4승경 제액
訪仙門 四勝景 題額

방선문(訪仙門) · 19
환선대(喚仙臺) · 21
우선대(遇仙臺) · 23
등영구(登瀛丘) · 25

1부 방선문 마애각 제영기
訪仙門 磨崖刻 題詠記

홍중징(洪重徵)의 오언절구(五言絶句) · 29
한정운(韓鼎運)의 오언절구(五言絶句) · 31
이의겸(李義謙)의 오언절구(五言絶句) · 33
임태유(任泰瑜)의 오언절구(五言絶句) · 35
김 치(金 緻)의 오언절구(五言絶句) · 37
조희순(趙羲純)의 오언절구(五言絶句) · 39
한창유(韓昌裕)의 오언절구(五言絶句) · 41
영 초(瀛 樵)의 오언절구(五言絶句) · 43
양응상(梁應祥)의 오언절구(五言絶句) · 45
김영수(金永綬)의 오언율시(五言律詩) · 47

2부 방선문 마애각 제명기
訪仙門 磨崖刻 題名記

방선문 마애각 제명 일람 · 51
訪仙門 磨崖刻 題名 一覽

역대 제주관리 방선문 마애각 제액 · 61
歷代 濟州官吏 訪仙門 磨崖刻 題額

1. 제주목사(濟州牧使) · 61

홍중징(洪重徵) / 안경운(安慶運) / 김　윤(金　潤) /
윤구연(尹九淵) / 김몽규(金夢煃) / 홍태두(洪泰斗) /
박성협(朴聖浹) / 김영수(金永綬) / 윤득규(尹得逵) /
이명준(李命俊) / 정관휘(鄭觀輝) / 한정운(韓鼎運) /
이현택(李顯宅) / 이원조(李源祚) / 목인배(睦仁培) /
강면규(姜冕奎) / 조희순(趙羲純) / 박선양(朴善陽) /
심현택(沈賢澤) / 홍　규(洪　圭) / 심원택(沈遠澤) /
송구호(宋龜浩) / 이재호(李在護) / 홍종우(洪鍾宇)

2. 제주판관(濟州判官) · 111

김　치(金　緻) / 정동리(鄭東里) / 박창봉(朴昌鳳) /
안세윤(安世潤) / 김봉길(金鳳吉) / 손응호(孫應虎) /
이필술(李必述) / 이의겸(李義謙) / 고경준(高景晙) /
강인호(康仁鎬) / 홍우순(洪友淳)

3. 대정·정의현감(大靜·旌義縣監) · 135
노상희(盧尙熙) / 김재호(金在浩) / 강 연(康 緸) / 남만리(南萬里)

4. 기타 인사(其他 人士) · 145
최익현(崔益鉉) / 한학수(韓學洙)

5. 회원단체(會員團體) · 151
풍영록(風詠錄) (총회원 20인) / 수운계(搜雲契) (총회원 15인) /
동유(同遊) (총회원 10인)

3부 방선문·영구춘화의 문헌기록 · 161
訪仙門·瀛邱春花의 文獻記錄

[일러두기]

1. 마애각 제영기
(1) 마애각 제영의 게재 순서는 방선문 바위에 새겨진 방향의 차례를 따라 정함
(2) 원시(原詩), 역시(譯詩), 자의(字意), 작자 소개 및 감상의 순으로 역해(譯解)를 시도하고 자의(字意)부분에서 필요한 경우 약간의 보충 설명을 추가함
(3) 영초(瀛樵)의 시와 수운계(搜雲契) 회원명단의 경우, 현재 글씨 주변에 많은 석화(石花)현상이 생겨 글씨의 확인이 불가능한 부분은 기존의 탁본자료를 참고로 하여 정리함
(4) 이원조(李源祚)의 『耽羅誌草本』(탐라지초본)에 방선문 마애각 제영으로 소개된 이원달(李源達) 목사의 오언율시 '遊子窮海外'(유자궁해외)는 현재 방선문 바위에서 그 시의 소재를 파악하기 힘들므로 '마애시'가 아닌 '문헌시'로 분류, 그 원문을 문헌기록에 소개함

2. 마애각 제명기
(1) 마애각 제명 중 2자 이상 판독이 가능한 이름을 모아 가나다 순으로 배열 정리하고 번호를 매김
(2) 한글 이름을 먼저 밝히고 한자명을 ( )에 표기함
(3) 이름에 이어 신분, 제액(題額) 위치, 병기인(倂記人), 방문일자 등을 간략하게 소개함
(4) 역대 제주관리로 재임했던 목사, 판관, 현감 등의 명단을 별도로 모아 연대순으로 정리하고 이의 사진자료와 함께 제시함
(5) 분류된 제주관리의 경우 사진, 재임기간, 재임 중 업적, 방문일시, 직함 및 배행, 특기 사항 순으로 정리함
  (*재임기간과 재임 중 업적은 「觀風案」참조)
  ▶ 재임기간: 왕조, 간지, 서력을 함께 표기함
  ▶ 재임 중 업적: 관리로 재임하는 동안의 업적과 주요사건을 밝힘
  ● 방문일시: 제액을 남긴 해의 간지를 재임기간과 비교 서기(西紀)연도를 산출함
  ● 직함 및 배행: 제명(題名)에 쓰인 직함을 그대로 소개했고, 이어 배행(陪行)한 사람의 명단을 소개함
  ● 특기사항: 주로 제액의 위치를 설명하고 다른 것과 특별한 사항을 밝힘
(6) 회원단체의 경우 제명 순서대로 순번을 매겨 구분함

3. 방선문 영구춘화의 문헌기록
(1) 현재 향토사료 등으로 남아있는 문헌을 중심으로 방선문과 영구춘화에 대한 기록 부분을 발췌하여 연대순으로 정리함
(2) 《해제》와 《원문》으로 대별하여 구성 정리함
  《해제》에서는 사료의 간략한 내용 소개 및 마애명 자료와의 비교를 통한 분석을 시도하고, 《원문》에서는 원용한 출처를 하단에 부기(附記)함
(3) 책명(冊名), 작자명(作者名), 원문(原文) 인용 등의 경우, 한자를 먼저 쓰고 음독(音讀)이나 풀이는 ( )에 표기함
(4) 영구(瀛丘)의 한자표기로서 '구'자가 '마애시'에는 '丘'로 '문헌시'에는 '邱'로 일관되게 나타나기에 그대로 따랐음

책머리에

열림[開]과 오감[來]의 장(場), 방선문

雙溪聖俗處
石門合歡開
尋仙宜淸歌
銘士已覺來

두 갈래 난 시내로 성(聖)과 속(俗)이 머물던 곳
하나 된 기쁨 나뉜 돌문이 열렸다네
신선을 찾음엔 맑은 노래가 제격인데
바위에 이름 남긴 선비들 어느새 알고 찾아왔네

雙溪聖俗處(쌍계성속처) – 계곡의 형세(形勢)
방선문(訪仙門) 남단에서 보면 두 갈래로 흐르던 시내가 바로 이곳에서 하나로 모여든다. 그런 모습을 형상화하여 묘사함에는 다양한 표현들이 쓰였다. 예컨대 문헌에 남아있는 방선문 관련 시(이하 '문헌시') 가운데 이익태(李益泰) 목사는 '한라산에서 바로 아래로 흐르던 두 갈래 시내가 석대 앞에서 함께 모임이 제비꼬리와 같네'[雙溪直下漢拏中 會合臺前鷰尾同]라고 했고, 이원조(李源祚) 목사는 '두 지류가 합해져 실로 꿰맨 듯 쌍을 이룸이 주머니의 주둥이를 묶어놓은 것 같다'

[兩合雙縫似括囊]고 했다. 한편 영초(瀛樵)의 마애각 제영(이하 '마애시') 중 '계곡물 제비꼬리마냥 두 갈래로 나뉘었네' [溪流燕尾分]란 표현도 마찬가지다.

좌측 동쪽 편으로 난 시내는 그 물줄기가 한라산 정상인 백록담에서 발원하여 큰 흐름을 띠기에 자연스레 깊은 골짜기를 형성한다. 등반로가 선명치 않았던 옛 시절, 사람들은 이 내를 거슬러 올라 한라산 등정을 시도하곤 했다. 방선문에서 약 50여 미터쯤 떨어진 곳에 우선대(遇仙臺)가 있다. 거대한 암석군(巖石群)과 계곡 양안으로 형성된 숲 그늘[林樾]은 그 신비로운 분위기에 '신선을 만나보는 누대(樓臺)'라는 말이 절로 실감이 간다. 세차게 흘러내리던 큰 물줄기의 흐름은 바로 이 우선대가 위치한 곳에서 한번 굴절하지 않으면 안되게 그 지형이 구조화되어 있다.

그리고 우측 서쪽 편으로 난 시내는 현재의 오라골프장 쪽을 관통하면서 몇 개의 소(沼)가 형성되어 있다. 예전에 이곳은 맑은 시냇물이 흘러 청간옥수(淸澗玉水)를 자랑하던 곳이다. 김윤식(金允植)의 『속음청사』(續陰晴史)에도 '맑은 샘물은 양치질도 할 수 있다' [淸泉可以漱濯]고 기록되어 있다. 한편 이곳은 판소리 열두 마당 중 하나인 배비장전(裵裨將傳)의 배경으로도 잘 알려져 있다. 즉, 기생 애랑이의 목욕하는 장면을 배비장이 숲속에서 몰래 훔쳐보던 곳 - '수포동(水布洞) 녹림간(綠林間)'이 바로 이곳이라는 설이다.

결국 방선문 계곡은 한라산의 영험한 기운이 담긴 성(聖)의 골짜기와 유희의 공간을 제공하는 속(俗)의 골짜기가 '좌성우속'(左聖右俗)의 형태로 공존하면서 방선문에 이르러서는 하나로 합해지는 형세를 지닌다 할 것이다.

石門合歡開(석문합환개) — 돌문의 형태(形態)

돌문[石門]의 열림[開]을 두고 '마애시'들에 나타난 공통적인 표현은 크게 두 부류로 나뉜다. 하나는 돌문이 신의 도끼[神斧], 혹은 옥도끼[玉斧]로 뚫거나 깎아냈다고 보는 시각이다. 조희순(趙羲純)의 '도끼로 다듬은 듯 정교한 돌문 열렸네'[斧鑿石門開]와 한창유(韓昌裕)의 '어느 시절 옥도끼로 저렇게 뚫었던고'[玉斧鑿何年]의 표현이 이에 해당한다. 다른 하나는 태초에 천지가 처음 생겨날 때부터 돌문이 저절로 열렸다고 보는 시각이다. 김치(金緻)의 '돌을 깎아 다듬음에 신의 도끼 안 썼을 걸, 천지 개벽 시 이미 쪼개져 열린 곳'[斲石非神斧 渾淪肇判開]이라는 표현이나 임태유(任泰瑜)의 '저절로 지어지길 돌문 열린 형태라네'[自作石門開]라는 게 이에 해당한다. 그러나 돌문 열림이 신의 도끼를 썼건, 아니면 태초에 이미 저절로 생겼건 그 표현에 있어서 약간의 미묘한 차이가 있다해도 궁극적으로는 그 내용이 대동소이하다.

한편 두 갈래의 시내가 한데 모여 돌문이 열렸다고 보는 시각은 보다 사실적이면서도 상징적이다. 아무래도 두 개의 지류가 하나로 합해지면 물 흐름이 더 빠르고 거세지면서 아무리 견고한 암석이라 하더라도 거기에 구멍을 내게 할 정도로 세차게 흐를 것은 뻔한 이치이기 때문이다. 여기에서 한 걸음 더 나아가 '하나된 기

訪仙門

뻠 나우어 돌문이 열렸다'[石門合歡開]고 봄은 자연세계에서 이뤄진 음양(陰陽)의 교합이요 성속(聖俗)의 조화일 수 있다.

어떤 '문헌시'에는 돌문 대신 돌집[石廬], 혹은 선굴(仙窟)이라는 표현을 쓰기도 했다. 돌문의 형태를 특징적으로 나타냄에 있어서도 '궁융'(穹窿 : 활처럼 휘어짐)이라고 하거나 혹은 '홍문'(虹門 : 무지개 문)이라 했다.

한가지 분명한 사실은 이 돌문이, 바로 '신선을 찾아가는 문'이라는 의미의 '방선문'(訪仙門)으로 통용되어왔다는 사실이다.

尋仙宜淸歌(심선의청가) – 신선을 찾는 노래들

'신선을 찾아나섬'[尋仙]은 '신선을 찾아감'[訪仙]에서 비롯한다. '신선과의 만남'[遇仙]을 기대해서 찾아왔지만 정작 신선은 이미 떠나고 없어 아쉬워하기도 한다. '마애시'중 한정운(韓鼎運)의 '선인은 만나볼 수 없다'[仙人不可見], 영초(瀛樵)의 '선인은 만나기 어렵다'[仙人難可見], 임태유(任泰瑜)의 '사슴 타고 놀던 신선 떠나가고 없다'[騎鹿遊仙去]는 등의 표현이 이러하다.

'신선을 불러봄'[喚仙]은 신선을 찾는 적극적인 의미로 다가온다. 김영수(金永綬) 목사는 '환선대'(喚仙臺)란 3자의 큰 제액(題額)과 함께 오언율시의 '마애시'를 남겼다. '마애시'들의 공통적인 소재가 석문(石門), 백운(白雲), 암화(巖花) 등을 쓰면서 대부분 시각적인 차원에만 머무는 한계를 내보이는 데 비해 김영수의 '환

'선대'는 학의 울음소리[戛然]까지 등장시켜 신비로움을 더한다. '마애시' 가운데 소리를 소재로 한 청각적인 표현은 이미 홍중징(洪重徵)에 의해서 먼저 시도되었다. '꽃들 사이로 풍악소리 울려퍼질 때, 신선 태운 난새 학새 너울너울 날아오는 듯[花間管絃發 鸞鶴若飛來]'이란 표현이 바로 그렇다.

한편 신선을 찾아나섬에 '맑은 노래'[清歌]를 써서 시도함은 악기 소리를 내어 '신선을 불러냄'[喚仙]과 청각적인 감각의 차용 면에서 유사하다. 여기에서 맑은 노래라 함은 '악곡의 맑음' 뿐만 아니라 '목청의 맑음'까지 포함한다. 그것은 결국 전통음악에서의 '정가'(正歌)와 상통하는 것으로서 빠른 템포, 복잡한 리듬, 요란한 음향, 그리고 현란한 조명 아래에서 단지 소리의 쾌락적 유희만을 추구하는 그런 음악과는 거리가 있다.

銘士已覺來(명사이각래) ― 마애명을 남긴 선비들

돌 위에다 글자를 써놓아 새기는 마애각(磨崖刻)은 예로부터 동양의 한 예술양식으로 이해되어 왔다. 흔히들 훌륭하고 그 가치가 변하거나 없어지지 않는 작품을 두고 말할 때 '불후(不朽)의 명작(名作)'이라고 한다. 나무나 종이와는 달리 썩지 않는 재질 가운데 하나가 바로 돌[石]이다. 기록을 오랫동안 남기고 싶어하는 심리는 공통적인 인간의 심사다. 결국 마애명(磨崖銘)은 그게 이름을 남긴 제명(題名)이건 혹은 시로 쓴 제영(題詠)의 형태이건 모두 다 이런 연유에서 비롯한 과거 사람들의 기록이다.

방선문에는 현재 230개가 넘는 제명(題名)과 10수의 제영(題詠)이 있다. 현재 눈으로 확인할 수 있는 게 이 정도이니 글씨가 희미하게 남아있거나 마멸된 것들을 포함하면 이보다 훨씬 많은 기록이 나온다. 이곳을 찾아 제액(題額)을 남긴 인사들 가운데 역대 제주 관리로서는 목사(牧使) 24인, 판관(判官) 11인, 현감(縣監) 4인 등이며 3개의 회원단체와 참판(參判) 최익현(崔益鉉) 등 다수의 유배인[謫客]의 기록이 남아있다.

방선문이 위치한 이곳은 예로부터 '들렁귀'로 불렸고, 이의 한자어 표기로는 대표적으로 '등영구'(登瀛丘)라 했다. 영주십경(瀛洲十景) 중 하나인 영구춘화(瀛邱春花)는 결국 '들렁귀에서의 봄꽃 구경'을 의미하는 말이다. 음력 4월 경, 계곡을 붉게 물들이며 장관을 이루는 참꽃들은 상춘객(賞春客)들의 발길을 유혹한다. '문헌시'에는 이들 꽃을 이름하여 철쭉[躑躅], 진달래[杜鵑], 영산홍(暎山紅)이라 하기도 했다.

방선문의 마애명(磨崖銘)은 사철 푸른 상록수처럼 이곳을 찾는 사람들에게 또 다른 볼거리를 제공한다.

신선을 찾는 노래로 신선을 만나려고 이곳에 와보니 벌써 계곡에는 사람들로 꽉 차있다. 바위에 이름 남긴 선비들[銘士]로서 곧 무형(無形)의 청중들인 셈이다.

訪仙門

* * *

방선문(訪仙門)에 대해 본격적으로 관심을 두기 시작한 것은 용연(龍淵)에서 처음 선상음악회가 열렸던 지난 '99년부터였다. 방선문과 용연은 한내[漢川, 大川]로 함께 이어져 있다. 방선문이 봄철 한낮 계곡 양안의 참꽃들을 배경으로 시 한 수를 읊조리는 시회(詩會)를 열만한 공간이라면, 용연은 보름날 달밤에 뱃놀이를 즐기기에 적합한 풍류공간이다. 선상음악회에 앞서 한시백일장과 시조경창대회 등이 부대행사로 방선문에서 열린다면 더욱 의미 있을 것이라 여겨왔다.

5회까지 이어지던 용연선상음악회가 금년에는 열리지 못하고 건너뛰어야 할 형편이다. 그곳의 구름다리 신축 공사 때문이다. 그래서 대안으로 '방선문 계곡음악회'를 모색해보게 되었다. 음악회에 앞서 적어도 방선문이 어떤 곳이라는 걸 사람들에게 소개할 수 있다면 더욱 보람 있는 일이 될 것이리라. 그렇다면 선결과제는 우선 방선문의 마애명 등 관련 자료를 수집하고 분석하는 일일 터이다.

지난 겨울, 한가한 틈을 이용하여 방선문을 자주 찾았다. 다른 일은 제쳐두고 오로지 이 일에만 전념해보겠다는 생각에서다. 카메라(수동, 자동 각 1대), 망원경, 돋보기, 기록용 카드 및 필기도구, 약간의 음료와 빵 등…. 준비물도 제법 갖추어 구색이 맞았다. 방선문 바위 구석을 이리저리 휘저으며 마치 보물찾기라도 하듯

뒤지고 다녔다.

작업은 세 단계로 나누어 벌여나갔다. 첫째는 기록의 전사(轉寫) 작업이다. 바위에 새긴 이름 하나하나를 카드에 옮겨 적고 난 후, 다시 그 부분들을 카메라에 담는 일이다. 암벽 높은 곳이나 천장 부분의 글씨의 확인에는 망원경의 도움이 필요했다. 둘째는 기록의 정리 작업이다. 현장에서 직접 확인한 마애각의 글씨와 사진에 찍힌 부분이 일치하는가의 여부를 살펴본 다음 이들을 체계적으로 정리해 나가는 일이다. 사진에 나타난 글씨부분은 돋보기를 사용하여 정밀 분석을 시도했다. 셋째는 자료의 분석과 역해(譯解) 작업이다. 초서체 자전(字典)과 옥편(玉篇) 등을 통해 한자(漢字) 하나하나를 읽어나갔고, 향토사 관련 문헌들을 참조하면서 방선문과 영구춘화에 대한 기록을 추려내었다. 아울러 마애명을 남긴 목사 등 역대 제주관리들의 명단을 「관풍안」(觀風案)에서 확인하는 일과 또한 '마애시'와 '문헌시'를 비교 분석해내는 일도 함께 벌여나갔다.

생각해보면 이 모든 일이 혼자서 감당하기엔 너무나 벅찬 과제였다. 더욱이 한문학(漢文學)이나 금석학(金石學), 혹은 사학(史學)을 전공하지도 않은 처지에서 이런 일을 벌인다는 게 얼마나 무모한 시도인지 매번 벽에 부딪칠 때마다 절실히 깨닫곤 했다. 그런 일들이 이제는 파노라마처럼 내 머리에 각인되어 남아있다. 심지어 김영수(金永綬)의 환선대(喚仙臺)의 경우 초서체로 된 제영(題詠)의 글자를 읽어내려고 거의 한 달 남짓 씨름하던 일, 조희순(趙羲純)의 시에 나오는 '참동비'

(參同秘) 3자의 구절을 풀이해보려고 참동계 관련 서적을 구하러 시내 책방을 온 통 헤매며 다니던 일, 물어물어 출판사까지 찾아가 『심재집』(心齋集)의 책을 어렵사리 구해오던 일…. 그래도 이런 어려움에 다소 위안이 되어주던 사람들도 있었다. 다름 아닌 마애명을 남긴 인사들[銘士]이다. 흡사 어두컴컴한 공간에만 머물고 있던 자신들에게 빛을 보게 해줘 감사하다는 인사를 내게 전하듯 늘 반갑게 맞아주곤 했었으니까.

이 면을 빌어 특별히 감사한 마음을 전하고 싶은 분들이 있다. 나의 원고와 사진 자료집을 받아보고서는 너무나 감격해 하며 당장 책으로 출판해야한다고 말하면서 용기를 북돋워주시던 고여생 여사님. "마애명과 낙서의 차이는 한 시대의 사회적 배경과 예술성 유무에 따라 결정된다"고 강조하시며 방선문의 역사적 가치를 높게 평가해주시던 장돈식 선생님. "유럽에 개선문(凱旋門)이 있다면, 제주에는 방선문(訪仙門)이 있다!"는 말로 이곳의 예술공간적 분위기에 감탄해 마지 않던 이동호 선생님. "아니 가수(?)가 이런 일을…"이라고 농담 섞인 어조의 말을 던지면서도 흔쾌히 출판을 맡아준 도서출판 '각'의 대표 박경훈 선생님. 이밖에도 동굴음악회, 선상음악회가 열릴 때면 매번 참여하여 박수갈채로 무언의 격려를 주시던 많은 분들께도 고마운 인사를 올린다.

訪仙門

'훗날 다시 와 나의 다녀감을 알아차리겠지'[我行覺後來]. 방선문에 다녀간 흔적을 '마애시'로 남긴 시인 임태유(任泰瑜)는 이렇게 노래했다. 언제나 그랬던 것처럼 오늘도 방선문은 열려 있다. 그리고 앞으로도 수없이 많은 사람들이 이곳을 찾을 것이다. 이 책을 통해 방선문을 찾았던 나의 흔적이 조금이라도 드러나고, 훗날 사람들에게 약간의 도움이라도 얻게 한다면 다행한 일이 아닐 수 없다.

2004년 4월, 봄꽃이 만발할 때

현행복

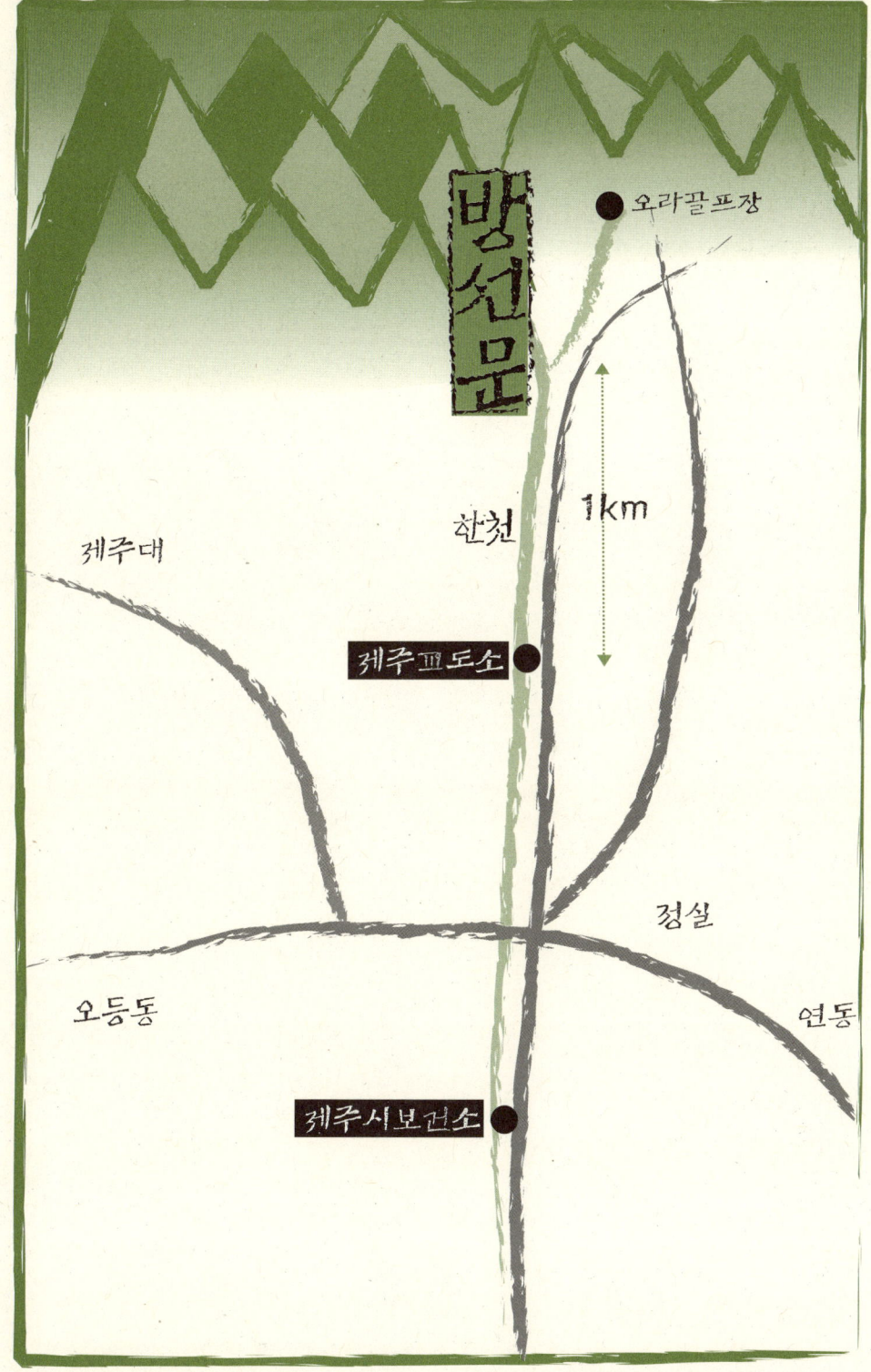

訪仙門 四勝景 題額

방선문 4승경 제액

신선을 찾아가는 공간 — 방선문(訪仙門)

방선문(訪仙門)은 글자의 의미 그대로 '신선을 찾아가는 문' 이다. 혹은 한라산을 오르는 사람들이 예전에 이곳을 거쳐가면서 '영험스런 산으로 들어가는 문' 이란 의미로 붙인 별칭일 수도 있다. 불노불사(不老不死)의 약초가 있어 신선이 산다고 믿는 삼신산(三神山)이 바로 봉래산(蓬萊山), 방장산(方丈山), 영주산(瀛洲山)이다. 예로부터 우리나라에서는 금강산, 지리산, 한라산이 곧 이에 해당하는 것이라고 믿어왔다. 더욱이 탐라의 옛 이름도 동영주(東瀛洲)다. 결국 한라산은 신선이 사는 영험스런 산인 셈이다.

김석익(金錫翼)의 『심재집』(心齋集)에서는 방선문을 두고 이렇게 묘사하고 있다. "한내 사이 좌우로 낭떠러지 마냥 걸쳐있는 곳에 커다란 바위가 있어 엎어져 있음이 마치 무지개와 같은 형태의 문을 일컬어 방선(訪仙)이라고 한다"[大川之間左右懸崖中有大石俯作虹門名曰訪仙]라고 한 것이 바로 그것이다.

'돌로 된 문' 이란 뜻의 석문(石門) 외에 '돌로 된 초가집' 이란 의미의 석려(石廬)라는 표현도 종종 썼던 것으로 보인다.

'방선문' (訪仙門)이란 제액(題額)은 우측 천장에 크게 새겨져 있다. 누가 맨 처음 방선문이라 명명(命名)하고, 또한 언제 글씨를 새겨놓았는지는 기록이 없어 알 수 없다. 다만 제액 바로 위로 윤득규(尹得逵) 목사일행의 기록(정조10년 - 1786년 4월)이 남겨진 것으로 미루어 그 당시 함께 새겨놓았거나 혹은 그 이전의 작품일 것이라고 추정할 뿐이다.

한라산을 두고 '신(神)들의 고향' 이라고 말하기도 한다. 아니 어쩌면 한라산 그 자체가 바로 신(神) 일 수 있다. 방선문은 결국 그 신을 만나기 위해 거쳐가야 하는 첫 번째 관문인 셈이다.

신선을 부르는 공간 — 환선대(喚仙臺)

환선대(喚仙臺)는 '신선을 부르는 대'란 의미를 지닌 곳으로서 방선문(訪仙門) 남단의 편편한 바위를 일컫는다. 정조 3년(己亥, 1779) 봄 김영수(金永綬) 목사가 이곳을 찾아 환선대(喚仙臺)란 제액과 함께 오언율시(五言律詩)의 시를 남겼다.
환선대는 조금 떨어진 곳에 위치한 우선대(遇仙臺)와는 다름이 있다고 느낀 것 같다. 신선을 만나려는 공통적인 심사를 지니고 왔어도, '신선을 기다리다 우연히 만남'과 '신선을 불러내어 만남'과는 그 느낌이 확연히 다를 것이기 때문이다.
'환선'(喚仙)이란 명칭은 김영수 목사가 처음 지어낸 말은 아닌 듯 하다. 임제(林悌)의 『백호전집』(白湖全集)』에는 '환선루(喚仙樓)'가 있고, 김 정(金 侹) 목사의 『노봉문집』(蘆峰文集)에는 '환선정'(喚仙亭)이 보인다.
신선을 불러본다는 공통적인 뜻을 지녔어도 인위적인 건축물과 자연 공간에서 느끼는 감회는 분명 서로 다를 것이다.
활달한 초서체의 붓놀림으로 '喚仙臺(환선대)'란 제액과 오언율시의 시를 써내려간 김영수(金永綬)의 서체는 '신선을 불러본다'는 본래의 의미와도 잘 부합한다.

신선을 만나는 공간 ― 우선대(遇仙臺)

방선문 남단 동쪽편 좌측 계곡을 따라 50여 미터쯤 올라가면 거대한 바위들이 군락을 이루듯 나타난다. 계곡 가장자리 쪽 널따란 바위가 마치 누대(樓臺)와 같다해서 붙여진 이름이 바로 우선대(遇仙臺)다. '신선을 만나보는 누대'란 의미가 절로 느껴질 정도로 석대(石坮) 주변의 경관이 황홀하다. 너럭바위 위론 계곡 쪽으로 뻗어 나온 나뭇가지들이 자연 그늘을 만들면서 신비로움을 더한다.
화암(禾菴) 신홍석(愼鴻錫)은 '등영구'(登瀛邱)란 제하의 칠언율시에서 이렇게 마지막 구를 장식하고 있다. '그중에 빼어난 절경 보고 싶거든 그대는 먼저 우선대에 올라보시라'[欲識箇中奇絶處 請君須上遇仙臺]고.
한편 김윤식(金允植)의 『속음청사』(續陰晴史)에도 우선대를 다녀간 기록이 남아있다. "…돌들을 헤집으며 위로 몇 층 기어올라가면 우선대가 있다. 이곳 또한 충분히 완상할만 했다…."[攀石而上幾層 有遇仙臺亦堪賞玩矣]
현재 이곳에는 우선대(遇仙臺)란 글씨만 남아있어서 그 제액(題額)이 언제 누구에 의해 명명되고 씌어졌는지는 알 길이 없다. 다만 바로 옆 암벽하단에 이근복(李根福)이라는 사람의 이름과 오언절구(五言絶句)의 시가 한 편 남아있긴 하다. 하지만 세월이 흐르는 동안 벽면이 물길에 많이 깎이면서 아쉽게도 글자를 읽어내기가 어렵게 됐다. 한라산 정상에서부터 흘러 내려오던 물줄기가 이곳 우선대에서 한번 굴절을 일으킨 다음 방선문 쪽으로 흘러가게 된 지형구조가 특징이기도 하다.

신선의 세계로 들어서는 공간 — 등영구(登瀛丘)

'들렁귀에 서고보니 나 역시 신선이네'[瀛丘我亦仙]. 옥계(玉溪) 한창유(韓昌裕)는 이곳을 찾아 그 감흥을 이렇게 표현했다.

방선문(訪仙門)이 위치한 이곳을 예로부터 '들렁귀' 라 했다. '들렁귀' 란 말은 본래 '뚫어진 엉덕' 혹은 '들러진 엉덕' 이란 뜻의 순수한 제주고유어다. 이의 한자어표기로는 '천롱곶'(穿弄串: 뚫+렁+곶), 혹은 '거암곡'(擧巖谷: 들+엄+괴) 등의 이두식 표기가 쓰였던 기록이 전한다.

한편 등영구(登瀛丘)는 '신선의 영산으로 오르는 언덕' 이라는 의미를 지니면서도 들렁귀와 발음이 비슷한 조어(造語)다. 예로부터 이곳이 한라산 등산 행로 중 하나였기에 사람들은 '천롱곶' 이나 '거암곡' 보다는 '등영구' 를 더 선호하였던 게 아닌가 짐작된다.

한편 이곳은 「배비장전」(裵神將傳) 소설 속의 '한라산화유'(漢拏山花遊)의 장소인 '수포동(水布洞) 녹림간(綠林間)' 으로 알려진 곳이기도 하다. 봄철 방선문 계곡 일대는 참꽃(철쭉의 일종)들로 장관을 이루면서 목사 일행들을 비롯한 많은 문인 묵객들이 즐겨 찾았다. 바로 조선조 사대부들의 풍류 공간이다. 이렇듯 방선문계곡의 절경과 어울린 등영구의 봄꽃놀이의 전통은 영주십경(瀛洲十景)의 하나인 '영구춘화'(瀛邱春花)로 남아 있다.

영조 15년(己未, 1739) 초여름, 홍중징(洪重徵)은 방선문을 찾아 역대 제주 목사로서는 처음으로 마애각 제영을 남겼다. 방선문 바위에 등영구(登瀛丘)란 제액(題額)과 함께 쓰여진 오언절구의 시가 바로 그의 작품이다. 활달한 붓놀림의 초서체의 글씨는 당시 서법(書法)으로도 유명한 홍중징 자신이 직접 쓴 것이다.(*용연 암벽에도 '翠屛潭' 이란 그의 제액이 남아있음)

1 訪仙門 磨崖刻 題詠記
방선문 마애각 제영기

訪仙門

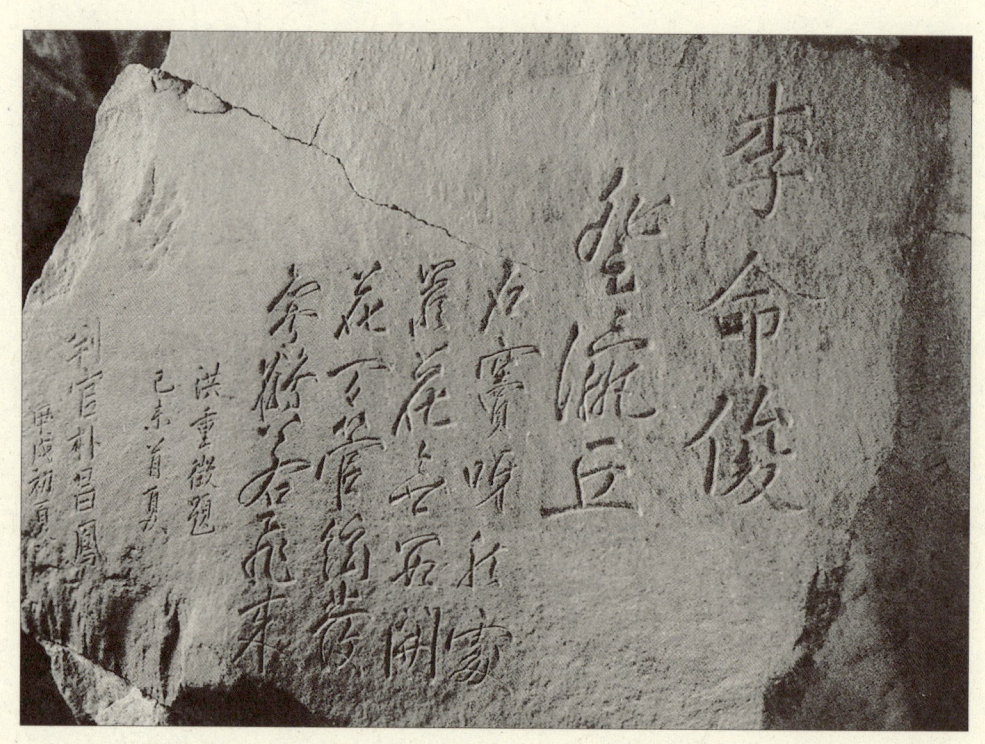

※ 홍중징(洪重徵)은 1682년 태어나 1711년 진사에 합격하였고, 1713년 문과에 급제하였다. 1738년(영조 14년) 10월에 제주목사로 부임하여 이듬해 병으로 사임하고 교체되어 돌아갔다. 그 뒤 참의, 승지, 형조와 호조의 참판, 공조판서 등을 역임하였다.
 목사로 재임하는 동안 제주향교에 청금생(靑衿生)을 설치하였으며, 조정에 조[粟]를 요청하여 기아에 허덕이는 백성을 진휼하였다. 현재 제주향교에는 그를 기리는 비석 - '牧使洪公重徵立靑衿案碑 (1982년 건립)이 세워져 있는데, 담수계(淡水契)편의 『증보 탐라지』(增補 耽羅誌, 1953)에도 '입비'(立碑)의 기록이 전하는 것으로 미루어 현재보다 훨씬 이전에 그의 송덕비가 있었음을 암시한다.

홍중징(洪重徵)의 오언절구(五言絶句)

登瀛丘

石竇呀然處
巖花無數開
花間管絃發
鸞鶴若飛來

己未 首夏 洪重徵 題

등영구

뚫어진 바위구멍 입을 크게 벌린 듯
암벽사이 봄꽃들 여기저기 피어났네
꽃 사이로 퍼지는 풍악소리 선율에
신선 태운 난새 학새 너울너울 날아오는 듯

기미년 초여름 홍중징 짓다

[역해譯解]

* 登瀛丘(등영구) : 영산(瀛山)으로 들어서는 어귀, 들렁귀의 한자 표기어
 ▶방선문(訪仙門)이 위치한 이곳을 예로부터 '들렁귀'라 불렀다. '들렁귀'의 한자어 표기로는 '거암곡(擧巖谷: 들+엄+괴)', '천룡곶(穿弄串: 뚫+렁+곶)'과 같은 이두식 표기와, '영험스런 언덕에 오름'의 의미를 지니면서 들렁귀와 발음이 비슷한 '등영구'(登瀛丘)로 표기함 등이 있었다.
* 石竇(석두) : 돌구멍　　　　* 呀(하) : 입 딱 벌리다
* 然處(연처) : 그러한 곳　　　* 巖花(암화) : 바위틈의 꽃
* 鸞鶴(난학) : 신선이 타고 다닌다는 전설상의 난새와 학새
* 若飛來(약비래) : 날아오는 듯하다

※※ 이 시는 방선문(訪仙門)에 현재 남아있는 마애각의 여러 제영을 대표할 정도로 상징적이다. 시어의 내용과도 상통하는 초서체의 활달한 붓놀림은 마치 신선을 불러내는 듯한 인상마저 들게 신비로움을 더한다. 운자로 '開'와 '來'를 썼고, 바로 옆 바위에 새겨진 한정운(韓鼎運)의 '차벽상운'(次壁上韻)은 바로 홍중징 시의 이 운자를 따다가 지었다는 의미로 이해된다. 그 후 이곳의 거의 모든 제영들의 운자가 이 '開'와 '來'를 쓰고있음이 확인된다. 우측의 '李命俊'(이명준)이란 제명은 홍중징의 것보다 후대에 새겨진 게 분명하며 언뜻 봐서는 '登瀛丘'(등영구)의 작자로 착각하게 만들기도 한다. 실제로 이원조(李源祚)의 『탐라지초본』(耽羅誌草本)에는 이 시를 '李命俊 詩'라고 잘못 소개한 사례도 있다. 이명준은 홍중징보다 거의 50년 뒤인 정조 10년(1786)에 제주목사로 부임했다.
결국 방선문 마애각의 제명 및 제영을 통틀어서 볼 때 홍중징은 역대 제주목사로 부임한 인사들 가운데 처음 기록을 남긴 사람이 되는 셈이다.

한정운(韓鼎運)의 오언절구(五言絶句)

次壁上韻

亂石況雲合
幽花向日開
仙人不可見
我輩秪空來

韓鼎運

암벽 위의 운자를 따서

널부러진 돌들 위로 구름까지 더욱 덮여
응달의 그윽한 꽃 해를 따라 활짝 폈네
아무리 둘러봐도 선인은 볼 수 없어
우리들 괜스레 헛걸음 했나보오

한정운

[역해譯解]

* 次壁上韻(차벽상운) : 벽 위의 운자를 따서
  ▶ 암벽 위의 운자란 바로 옆벽에 새겨진 홍중징(洪重徵)의 '登瀛丘'(등영구) 시의 운자인 '開'(개)와 '來'(래)를 의미한다.
* 亂石(난석) : 어지러이 널려있는 돌
* 況(황) : 하물며, 게다가, 더욱 더
* 幽花(유화) : 그윽하고 쓸쓸하게 보이는 꽃, 응달진 곳에 피어난 꽃
* 仙人不可見(선인불가견) : 선인을 만나기는 어려운 일
  ▶ 영초(瀛樵)의 시에 나오는 '仙人難可見'(선인난가견)과 그 의미가 상통한다.
* 我輩(아배) : 우리들
* 秪(지) : 다만, 왠지
* 空來(공래) : 헛걸음질해 오다

※ 한정운(韓鼎運)은 순조 7년(1807) 3월 제주목사로 부임한 후, 2년 뒤인 순조 9년(1809) 1월에 이임했다. 재임 중 연상루(延祥樓)와 군기고(軍器庫)를 중수(重修)했고, 사라봉에 소나무를 식수하는가 하면, 망경루(望京樓) 북쪽으로 과수원을 만들어 조성했다.

34

이의겸(李義謙)의 오언절구(五言絶句)

浦口吞紅日
山肩荷白雲
淸遊宜此夕
携酒且論文

戊子 四月 初一日 判官 李義謙

바다의 붉은 해 포구가 막 집어삼킬 듯
산등성이 흰 구름 짊어진 듯 깔려있네
고상한 풍취놀음 오늘밤이 제격이니
술을 갖고 와 마시면서 문장이나 논해보세

무자년 사월 초하루 판관 이의겸

[역해譯解]

* 浦口(포구) : 바다포구
* 呑(탄) : 삼키다
* 山肩(산견) : 산등성이
* 紅日(홍일) : 붉은 해
* 荷(하) : (등짐 따위를) 짊어지다
* 淸遊(청유) : 풍취있는 놀이, 속진(俗塵)을 떠나 자연을 즐김
  ▶ 이익태(李益泰) 목사의 방선문 관련 칠언율시에도 '청유'(淸遊)란 표현이 나온다. '오늘 같은 풍취놀음 바로 신선된 느낌이네'[淸遊此日是仙翁]가 그것이다. 작자 이의겸(李義謙)이 이익태 목사보다도 한참 후대의 사람임을 감안하면 그 표현을 차용했음직도 하다.
* 宜(의) : 마땅하다, 제격이다
* 携酒(휴주) : 술을 지니고 감
* 論文(논문) : 문장을 논하다

※ 이의겸(李義謙)은 순조 27년(1827) 10월에 제주판관으로 부임한 뒤 이듬해 제주향교를 용담동 소재의 현재의 자리로 이설 완료했다. 그 후 순조 29년(1829) 6월에 파직되어 이임했다.

임태유(任泰瑜)의 오언절구(五言絶句)

壁間纔一路
自作石門開
騎鹿遊仙去
我行覺後來

乙酉 暮春 任泰瑜

암벽 사이로 겨우 길 하나 뚫려 있어
저절로 지어지길 돌문 열린 형태라네
백록 타고 놀던 선인 떠나가고 없지만
훗날 다시 와 나의 다녀감 알아차리겠지

을유년 저무는 봄 임태유

역해譯解

* 壁間(벽간) : 벽 사이
* 纔(재) : 겨우
* 自作(자작) : 저절로 지어짐
* 石門開(석문개) : 돌문이 열려 있음
  ▶ '自作石門開'(자작석문개)의 표현은 결국 김치(金緻)의 시 중 '渾淪肇判開'(혼륜조판개)와 그 의미가 상통한다. 제액(題額) 연도의 간지(干支)도 '을유'(乙酉)로 일치한다. 표현상의 유사성과 제액 연도의 일치는 두 시가 비슷한 시기에 지어진 게 아닌가 하는 추측을 낳게 한다.
* 騎鹿遊仙(기록유선) : 사슴 타고 놀던 신선
  ▶ 육지의 신선이 호랑이를 타는 데 비해 한라산의 신선은 본래 백록(白鹿)을 타고 놀았다는 전설이 있다.
  ▶ 김정(金㒞 : 영조 11년 제주목사 부임, 삼천서당 창건)의 시 '한라산 정상에 올라'[登漢拏絶頂] 2수 3구에 나오는 '騎鹿仙人何處去'(사슴 탄 신선은 어디로 갔는가)의 표현과 거의 유사하다.
  ▶ 방선문 계곡과 연결된 한내[漢川] 하구의 용연(龍淵)이 다른 이름으로 '선유담'(仙遊潭)으로도 불린다.
* 我行(아행) : 나의 다녀감, 혹은 나의 행적(行迹)
  ▶ '行'자의 자체(字體)가 현재 희미하게 남아있어 분명하지 않다. 그래서 이 자를 '待'로 읽어 풀이하기도 한다. 나의 다녀감을 깨닫는 주체가 바로 훗날 다시 찾아올 신선으로 본다면, '後來覺我行'이라고 해야 옳을 듯하나 각운(脚韻)을 맞추기 위해 부득이 문장이 도치된 것으로 보았다.

※ 임태유(任泰瑜)의 인적사항이 자세히 알려져 있지 않다. 제액년도의 간지가 '乙酉'(을유)인 점은 시의 작품으로 미루어 아마도 홍규(洪圭) 목사가 방선문을 찾은 해인 고종 22년(乙酉, 1885) 5월경이 아닌가 추측된다.

* 김치(金緻)(1777~1825)는 경상도 관찰사, 이조참판에 추증되고, 안흥군(安興君)에 봉해지기도 했다. 저서로 『심곡비결』(深谷秘訣), 『남봉집』(南峰集)이 있다. 광해군 1년(1609)에 제주판관으로 부임했고 이듬해 이임했다. 그의 「유한라산기」(遊漢拏山記)의 글은 유명하다.

김치(金緻)의 오언절구(五言絶句)

斲石非神斧
渾淪肇判開
白雲千萬歲
仙俗幾多來
乙酉 春 金緻

돌 깎아 다듬음에 신의 도끼 안 썼을걸
천지개벽 시 이미 쪼개어져 열린 곳
흰구름 감쌈이 천만년간 이어져 와
그 사이 신선 속인 얼마나 많이 찾았을까

을유년 봄 김치

[역해譯解]

* 斲石(착석) : 돌을 쪼개다, 돌을 깎다
  ▶ 공통적으로 '착'으로 발음되는 한자어 '斲'과 '鑿'은 서로 비슷한 뜻을 지닌 말이다.
* 神斧(신부) : 신의 도끼
  ▶ 임백호(林白湖)의 '상산협'(上山峽)이라는 시에 '神禹鑿龍'(신우착용 - 우임금이 용문을 뚫은 듯)이라는 문구가 있다. 옛날 고대 중국의 전설 중 우(禹) 임금이 9년 간 대홍수를 해결하기 위해 '신의 도끼'[神斧]를 써서 용문산(龍門山) 허리를 잘라 냈다는 고사를 인용한 표현이다.
* 渾淪(혼륜) : 천지개벽 초에 하늘과 땅이 아직 나뉘지 아니한 상태
* 肇(조) : 비로소
* 判開(판개) : 쪼개어져 열리다
* 千萬歲(천만세) : 천만년, 오랜 세월
* 仙俗(선속) : 신선과 속인

※ 이 시는 방선문 안쪽 우측바위 아래, 바닥에 접한 돌 위에 있다. 큰 내가 칠 때는 물에 잠기는 위치여서 그런지 제액(題額)된 일자('己酉'이기보다 '乙酉'에 더 가깝다)와 작자의 이름이 선명치 않다. 더구나 시어의 자체(字體)는 해서체(楷書體)인 데 비해, 방문일시와 이름 부분은 예서체(隸書體)류로서 글씨의 서체가 동일하지 않다. 언뜻 보기에 이름의 자수(字數)도 석 자[三字]로 보일 뿐만 아니라 글씨를 써내려온 종선(縱線) 방향이 서로 달라 보인다. 이처럼 제명(題名)과 제영(題詠)에 나타난 자체(字體)의 불일치는 무엇을 의미할까? 혹시 제명이 먼저 행해지고 제영은 나중에 이뤄진 건 아닐까? 작자의 이름[名] 글자수도 3자[三字]로 보임 등은 이 시의 작자가 과연 '김치'(金緻)일까 하는 의구심이 일게 한다. 더구나 그의 문집 중 '남봉집'(南峰集)에는 제주를 소재로 한 시들이 몇 편 있지만 이 시는 실려있지 않다. 차후 자체(字體)의 분석, 기록 검토 등의 정밀한 고증이 필요하다고 본다.

※ 조희순(趙羲純)은 고종 5년(1868) 10월에 제주목사로 부임하여 무려 4년 가까이 도백의 업무를 수행하고, 고종 9년(1872) 5월 이임했다. 이임 후 함북병마절도사, 궁궐을 호위하는 금위대장과 좌변 포도대장 등을 역임했다. 재임 중 한발과 홍수 등 재해가 잇달아 일어났으므로 내미(內米) 2천석과 내전(內錢) 2천냥을 계청하여 진휼에 힘썼으며, 몸소 제관을 거느리고 성밖에 나가 밭을 갈아 백성을 위로하고 격려했다. 제주성의 격대(擊坮)를 개축하고, 남북수문을 보수하였는가 하면, 제주영의 병력확충과 포과(砲科)의 창설, 제주향교를 중수(重修)하기도 하였다. 1871년 서원철훼령으로 귤림서원과 삼성사가 철훼됨에 이르러 '삼학(三學)과 양재(兩齋)의 개정 절목'이란 글을 지어 이를 시행하는 등 제주향교의 진흥을 위한 개선작업을 많이 벌였다. 그를 기리는 비석으로 '牧使趙公義純校宮修改碑'(1872)(현재 제주향교에 위치)와 '牧相趙公義純永世不望碑'(1878)(현재 제주목관아지에 위치)가 남아있다.

조희순(趙義純)의 오언절구(五言絶句)

線通花徑轉
斧鑿石門開
已透參同秘
休嫌俗子來
己巳 四月 吉日 牧使 趙義純

가늘게 난 꽃길을 이리저리 돌아드니
도끼로 다듬은 듯 정교한 돌문 열려 있네
참동비전 스며들어 이미 구현되었거늘
나같은 속인 찾아옴을 꺼려하지는 마오

기사년 사월 길일 목사 조희순

[역해譯解]

* 線通(선통) : 가는 실처럼 통하다, 선이 나있다
* 花徑(화경) : 꽃길
  ▶ 두목(杜牧)의 시 '산행'(山行)에도 '石徑'(돌길)이 있다(遠上寒山石徑斜).
* 轉(전) : 구르다, 꼬불꼬불하다
* 斧鑿(부착) : 도끼로 깎아내다, 다듬다
  ▶ '斧鑿石門開'(부착석문개)의 표현은 한창유(韓昌裕)의 시 중 '玉斧鑿何年'(옥부착하년)과 유사하고 임태유(任泰瑜)의 '自作石門開'(자작석문개)와 김치(金緻)의 '斲石非神斧'(착석비신부)의 표현과는 약간 다르다. 방선문을 앞서 찾은 인사 중 판관(判官) 정동리(鄭東里) 일행이 남긴 문구에 '岩開大禹斧, 月老女媧天'(바위는 위대한 우임금의 도끼로 열렸고, 달은 여왜의 하늘에서 저무네)이 있다. 이로 미루어 짐작컨대 전설상 우(禹)임금의 고사 등을 떠올리며 '신의 도끼로 석문(石門)을 열었다'는 식의 표현이 '천지개벽 시 저절로 돌문이 열렸다'는 류의 표현보다 앞선 작풍(作風)이 아닌가 사료된다.
* 已透(이투) : 이미 스며들다
* 參同秘(참동비) : 참동계(參同契)의 비전(秘傳)
  ▶ 『참동계』(參同契)는 동한(東漢; 25~220)시대에 위백양(魏伯陽)이 지은 것으로서 모두가 역(易)의 원리로써 단(丹)의 원리를 밝히고 있는 책이다. 하나의 음(陰)과 하나의 양(陽)이 합하여 역(易)을 이루니 대도(大道)는 그 가운데 있다 했다. 참(參)은 셋 혹은 참여한다는 뜻이요, 동(同)이란 같은 것끼리 합친다는 의미이고, 계(契)란 서로 맺는다는 뜻이다. (*『譯解 參同契闡幽』참조)
* 休嫌(휴혐) : 혐오함을 그만 두다, 꺼려하지 말아라

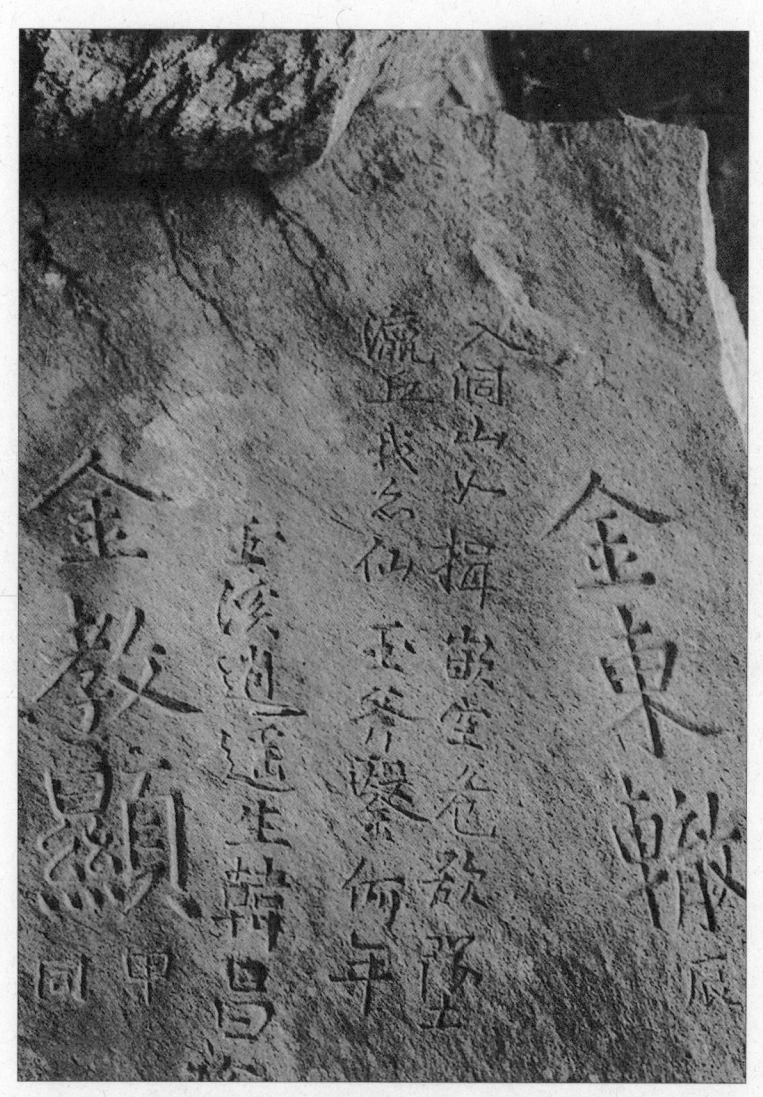

한창유(韓昌裕)의 오언절구(五言絶句)

入洞山如揖
瀛丘我亦仙
嵌空危欲墜
玉斧鑿何年
玉溪 逍遙生 韓昌裕

골짜기 들어서면 산이 내게 절하는 듯
들렁귀 서고 보니 신선이 따로 없네
금새라도 떨어질 듯 위태로운 바위구멍
어느 시절 옥도끼로 저렇게 뚫었던고
옥계 소요생 한창유

[역해譯解]

* 揖(읍) : 절하다
* 瀛丘(영구) : 신령스런 언덕, 곧 '들렁귀'(登瀛丘)를 일컬음
  ▶영주십경(瀛洲十景) 중 '영구춘화'(瀛丘春花)는 바로 이곳의 서정을 나타내는 것이다.
* 我亦仙(아역선) : 나 역시 신선
* 嵌空(감공) : 속이 비고 깊은 굴, 깊은 산골짜기
  ▶嵌谷 - 산골짜기
* 危欲墜(위욕추) : 추락할 듯 위태로움
* 玉斧(옥부) : 옥도끼
* 鑿(착) : 깎다, 뚫다
* 玉溪(옥계) : 구슬 소리를 내며 흐르는 맑은 냇물, 작자 한창유(韓昌裕)의 아호
* 逍遙生(소요생) : 거닐며 노니는 서생
  ▶『장자』(莊子)의 편명(篇名) 중 하나로 '소요유'(逍遙遊)가 있다.

※ 한창유(韓昌裕)의 아호가 '옥계'(玉溪)이다. '소요생'(逍遙生)을 덧붙여 '옥구슬처럼 투명한 계곡물에 노니는 서생'이란 뜻을 은근히 강조하고 있다. 한창유의 또 다른 마애각 시가 용연(龍淵)의 암벽에도 전해지고 있다. 그 시에 홍중징(洪重徵)의 서체(書體)를 언급하고 있고 보면, 작자 한창유는 홍중징보다 후대의 사람임이 분명하다. 「관풍안」(觀風案)에는 그에 관한 기록이 없다. 그리고 보면 당대 뛰어난 문인묵객(文人墨客) 중 한 사람일 것이라는 추측이 선다.

영초(瀛樵)의 오언절구(五言絶句)

洞穴螺旋入
溪流燕尾分
仙人難可見
萬古鎖烟雲

瀛樵

골짜기 바위구멍 소라껍질마냥 감아들고
계곡물 제비꼬리처럼 두 갈래로 나뉘었네
선인을 찾아도 만나보기 어려운 일
안개구름 드리워 오랜세월 잠가놨다네

영초

[역해譯解]

* 洞穴(동혈) : 벼랑이나 바위에 있는 굴의 구멍
* 螺旋(나선) : 왼쪽으로 말린 소용돌이 꼴의 고동껍데기처럼 감아드는 형상
* 溪流(계류) : 산골짜기를 흐르는 시냇물
* 燕尾(연미) : 제비꼬리
  ▶ 이익태(李益泰)목사의 칠언율시에 '한라산에서 곧바로 두 갈래로 흐르던 시내가 석대 앞에서 모여듦이 마치 제비꼬리와 같다'[雙溪直下漢拏中 會合臺前鷰尾同]는 표현이 있다. 이익태 목사보다 한참 후대의 사람으로 추정되는 영초란 작자가 이 표현을 차용한 것으로 보인다.
* 仙人難可見(선인난가견) : 선인은 만나보기 어렵다
  ▶ 한정운(韓鼎運)의 시구(詩句) 중 '仙人不可見'(선인불가견)에서 빌려온 듯하다.
* 鎖(쇄) : 잠그다, 열지 않다, 폐쇄하다
* 烟雲(연운) : 연기와 구름, 연기는 안개를 상징하는 것으로도 볼 수 있음
* 瀛樵(영초) : 신선의 고향에서의 나무꾼, 누구의 호인지 밝혀져 있지 않음

※ 이 시의 작자 '영초(瀛樵)'가 어느 시대, 누구인지는 현재까지 밝혀진 게 없다. 누군가 자신의 아호를 '영험스런 산에 사는 나무꾼'이라는 의미로 '영초(瀛樵)'라 지칭한 것으로 보인다. 제액(題額)을 남긴 위치가 수운계(搜雲契)회원 명단(1884. 5) 바로 하단에 인접한 것으로 보아 이 시의 작자도 아마 1884년 전후의 시대에 살았던 사람이 아닌가 하고 추정해 본다.

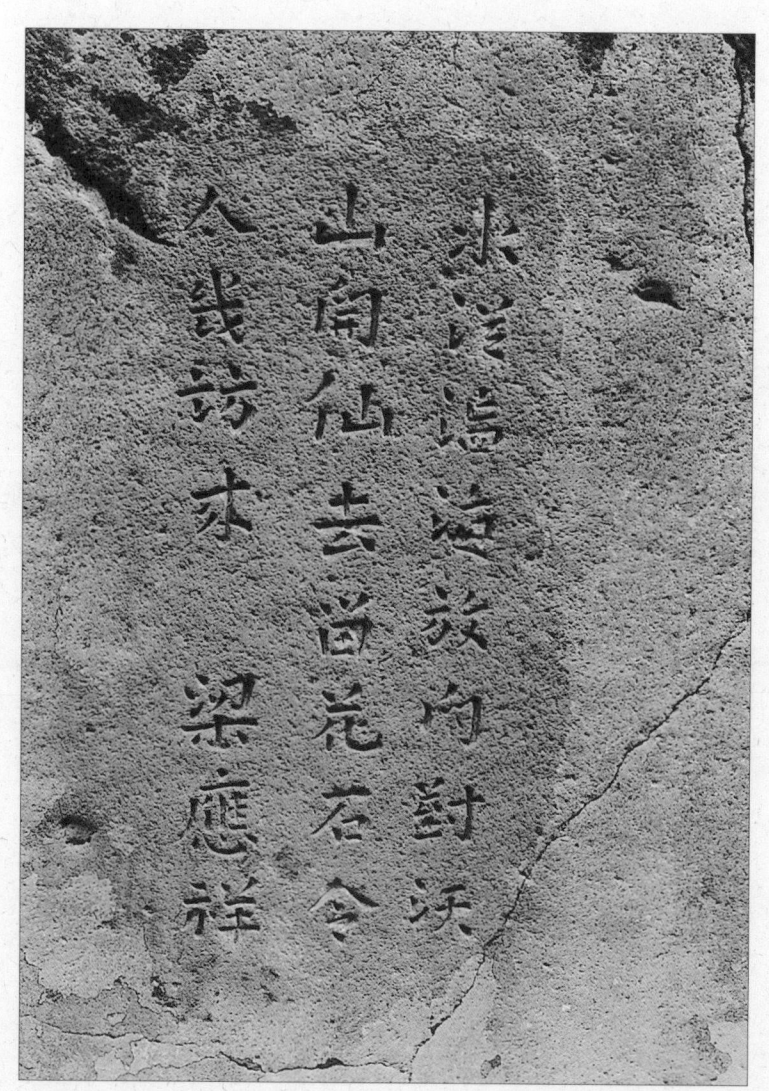

水洋滔滔放舟對沃
山向仙去曾花右令
公幾訪求 梁應祥

양응상(梁應祥)의 오언절구(五言絶句)

水從瀛海放
門對沃山開
仙去留花石
令人幾訪來

梁應祥

영주바다 쫓아서 계곡물 흘러가고
물 내려주는 산 마주해 돌문 열려 있네
신선은 떠났어도 꽃과 돌은 남아있어
사람들로 하여금 그 얼마나 찾게 했나

양응상

[역해譯解]

* 瀛海(영해) : 넓은 바다, 영주(瀛洲)섬의 바다
* 沃山(옥산) : 물을 내려주는 산, 한라산의 다른 표현
  ▶ 한라산의 정상인 백록담에서 발원하여 방선문을 거쳐 용연 바닷가로 빠지는 한내[漢川, 大川]의 흐름을 연상해 보면 결국 한라산은 물을 내려주는 산, 곧 옥산(沃山)인 셈이다.
* 花石(화석) : 꽃과 돌
* 令人(영인) : 사람으로 하여금, 혹은 사람들에게
* 訪來(방래) : 방문해 찾아오다

※ 양응상(梁應祥)의 상세한 인적사항에 대해서는 잘 알려 있지 않다. 다만 그가 쓴 '제주향교 중수시 의연 포창문 (濟州鄉校 重修時 義捐 褒彰文)(1933년)의 기록이 남아있다. 이로 미루어 짐작해보면, 이 시는 방선문의 여러 제영(題詠) 중 가장 후대의 것으로 사료된다.

김영수(金永綬)의 오언율시(五言律詩)

喚仙臺

萬壑乾坤大
石門日月閑
曾云無特地
其箇有神山
花老已春冬
岩賞太古歡
憂然鳴發意
知是在仙間

己亥 春 金永綬

환선대

깊은 골짜기는 천지의 위대함이요
견고한 돌문은 해와 달의 한가로움이라
일찍이 일컫기를 배필 없던 삼신인의 땅
그것은 바로 신령스런 산이 있음이라
꽃시들어 봄은 어느새 겨울로 바뀌어도
바위는 여전히 태고의 기쁨 지닌 채 있다네
알연한 학 울음소리 품은 뜻 잘 울려 주니
이런 이치 깨달음 선계의 경지 들어 있음이라

기해년 봄 김영수

[역해譯解]

* 喚仙臺(환선대) : 신선을 불러보는 대
  ▶ 작자인 김영수(金永綬)는 방선문(訪仙門) 남단 동편의 편편한 바위를 일컬어 환선대(喚仙臺 - '신선을 부르는 대')라 불렀다.
  이곳에 남아있는 대부분 제영(題詠)들의 소재란 주로 '석문(石門)', '백운(白雲)', '암화(巖花)' 등이다. 그러면서도 신선을 만나기 위해 찾아왔지만 '신선을 만날 수 없다'['仙人難可見', '仙人不可見']는 식의 시상(詩想)이 전개되곤 한다. 한마디로 시각적이다. 이에 비해 김영수의 '환선대'는 학의 울음소리까지 내세우며 청각적인 감각까지 차용함으로써 신비한 신선의 세계로 빠져드는 착각을 불러일으키게 한다.
  ▶ '喚仙臺'(환선대)란 제액의 큰 글씨와 옆의 오언율시의 서체를 보면 초서체의 활달한 붓놀림이 마치 신선의 정기를 풍기게 할 정도로 '기운생동'(氣韻生動)의 느낌을 선사한다. 방선문의 모든 제영(題詠)이 공통적으로 '오언절구'(五言絶句)인 데 비해 오직 김영수의 이 시만 '오언율시'(五言律詩)로 되어있다.
* 萬壑(만학) : 첩첩이 겹쳐진 깊고 큰 골짜기
  ▶ 萬壑千峰(만학천봉) : 첩첩이 겹쳐진 골짜기와 수많은 봉우리
* 乾坤(건곤) : 하늘과 땅, 천지(天地), 음양(陰陽)
  ▶ 이 시의 첫 이구(二句) 중 '乾坤大'와 '日月閑'의 표현은 이원진(李元鎭) 목사의 '운주당'(運籌堂)이라는 시 중 다음의 시구(詩句)에서 빌려온 듯하다.
  '…子房帷外乾坤正, 德裕樓前日月閑…' (…장자방의 규막 밖에 건곤이 바르고, 덕유루 앞엔 해와 달이 한가한데…)
* 曾云(증운) : 일찍이 일컫다
* 無特地(무특지) : 배필이 없는 땅, 배필 없던 삼신인(三神人)의 땅
  ▶ '特'(특) : 배필, 짝
* 其箇(기개) : 그것
  ▶ 這箇・此箇 - 이것, 那箇 - 저것
* 神山(신산) : 신을 받들어 모신 산, 신선이 사는 산
* 賞(상) : 완상하다, 즐기다.
* 太古歡(태고환) : 태고의 기쁨
* 戛然(알연) : 금석(金石)이 서로 부딪치어 나는 소리, 혹은 학의 울음소리의 형용
* 發意(발의) : 의견을 꺼냄, 무슨 일을 생각해 냄, 뜻을 펼쳐 보임
* 知是(지시) : 이것을 앎, 이런 이치를 깨달음

※ 김영수(金永綬)는 정조 2년(1778) 2월에 제주목사로 부임했고, 3년 뒤인 정조 5년(1781) 3월에 이임하였다. 목사로 재임시 운주당(運籌堂)과 연무정(演武亭)을 중수(重修)하였으며, 산지천 서안으로 간성(間城)을 쌓기도 했다. 홍대섭(洪大燮)이라는 자를 징계하지 않았다는 사유로 조정의 탄핵 대상이 되기도 했다.

2 訪仙門 磨崖刻 題名記

방선문 마애각 제명기

방선문 마애각 제명 일람
訪仙門 磨崖刻 題名 一覽

(1) 강두훈(姜斗勳) : 수운계(搜雲契) 회원(총회원 15인 중 7위)

(2) 강면규(姜冕奎) : 목사(1860), 군관 이시우・이계혁이 배행, 庚申 閏三月

(3) 강문일(姜文一) : 윤득규(尹得逵) 목사 배행

(4) 강사호(姜師鎬) : 수운계(搜雲契) 회원(총회원 15인중 14위)

(5) 강석조(姜錫祚) : 풍영록(風詠錄) 회원(총회원 20인 중 19위)

(6) 강 연(康 綖) : 정의현감으로 이필술(李必述) 판관 배행, '綖' 자가 희미함

(7) 강우백(姜遇伯) : 수운계(搜雲契) 회원(총회원 15인 중 8위), 신축년 성교난 三義士 중 1인

(8) 강우주(姜渪周) : 박성협(朴聖浹) 목사 배행

(9) 강욱빈(姜郁彬) : 수운계(搜雲契) 회원(총회원 15인 중 1위)

(10) 강인호(康仁鎬) : 판관(判官), 고종26년(1889)에 도임 이듬해 옮겨감

(11) 강종표(姜宗杓) : 풍영록(風詠錄) 회원(총회원 20인 중 14위)

(12) 강 호(姜 鎬) : 강면규(姜冕奎) 목사의 당질(堂侄)

(13) 고경준(高景晙) : 판관(判官)

(14) 고순재(高淳在) : 이재관(李在寬)・이영준(李永俊) 밑에 함께 있음

(15) 고 신(高 臣) : 이재호(李在護) 목사의 제액 아래에 위치

(16) 고인운(高仁雲) : 양인보・오성길과 나란히 있음, '雲'(운)자가 희미함

(17) 고평호(高平鎬) : 도련사숙(道蓮私塾) 대표, 丁酉(년) 四(월) 一(일)

(18) 권계동(權啓東) : 이현택(李顯宅) 목사 배행

(19) 권 섭(權 燮) : 박진문・홍구서・박만화・안근 등과 1754년에 다녀감, 乙亥 初夏

(20) 권세공(權世恭) : 방선문 천장에 새겨있음, 己未 首夏

(21) 김겸집(金謙集) : 풍영록(風詠錄) 회원(총회원 20인 중 11위)

(22) 김계병(金啓柄) : 수운계(搜雲契) 회원(총회원 15인 중 6위)

(23) 김교현(金敎顯) : 박래언(朴來彦)·김동철(金東轍)과 甲同三, 한창유의 시 좌측에 기록

(24) 김기종(金沂鍾) : 군수 홍우순(洪友淳)의 좌측 하단 金洙錫 옆에 새겨있음

(25) 김낙원(金樂圓) : 김영수(金永綏) 목사의 아들, 己亥 季春

(26) 김동철(金東轍) : 김교현(金敎顯)·박래언(朴來彦)과 甲同三, 한창유의 시 우측에 기록

(27) 김동표(金東杓) : 판관(判官), 박선양(朴善陽) 목사 배행

(28) 김득기(金得基) : 김몽규(金夢煃) 목사 배행

(29) 김몽규(金夢煃) : 목사(1753), '영주백'(瀛洲伯)이란 직함을 씀, 두 아들과 8인 배행

(30) 김병호(金炳鎬) : 수운계(搜雲契) 회원(총회원 15인 중 5위)

(31) 김봉길(金鳳吉) : 김정현(金正鉉)과 나란히 있음, 판관

(32) 김봉하(金奉河) : 풍영록(風詠錄) 회원(총회원 20인 중 15위)

(33) 김성구(金性久) : 풍영록(風詠錄) 회원(총회원 20인 중 4위)

(34) 김수봉(金壽鳳) : 방선문 천장 모서리에 신덕함(申德涵)과 함께 새겨있음

(35) 김수석(金洙錫) : 군수 홍우순(洪友淳)의 좌측 하단에 새겨짐

(36) 김숙기(金肅基) : 김몽규(金夢煃) 목사의 아들

(37) 김술증(金述曾) : 윤득규(尹得逵) 목사의 배행 군관(軍官)

(38) 김시진(金時鎭) : 민정규·허운·판관 정동리와, 또 최운숙·한낙중·김재서와 함께 있음

(39) 김양수(金亮洙) : 박선양(朴善陽) 목사 배행, 마애각의 글씨 씀(本州進士 金亮洙 書)

(40) 김연백(金鍊百) : 수운계(搜雲契) 회원(총회원 15인 중 11위)

(41) 김영권(金永權) : 풍영록(風詠錄) 회원 20인의 마애각 개수작업 벌임

(42) 김영수(金永綏) : 목사(1779년), '喚仙臺'라는 제명 옆에 오언율시의 작품 남김, 己亥春

(43) 김용규(金庸圭) : 수운계(搜雲契) 회원(총회원 15인 중 4위)

(44) 김욱기(金郁基) : 김몽규(金夢煃) 목사의 아들

(45) 김 윤(金 潤) : 목사(1803), 좌측 黃奎鉉·金澈은 字體가 유사해 배행인 듯함, 甲子首夏

(46) 김응황(金應璜) : 풍영록(風詠錄) 회원(총회원 20인 중 5위)

(47) 김이형(金履珩) : 풍영록(風詠錄) 회원(총회원 20인 중 8위)

(48) 김인석(金寅錫) : 풍영록(風詠錄) 회원(총회원 20인 중 17위)

(49) 김인택(金仁宅) : 박선양(朴善陽) 목사 배행, 중방(中房) 2인 중 1인

(50) 김재서(金載西) : 최운숙·김시진·한낙증과 함께 있음

(51) 김재혁(金載赫) : 박선양(朴善陽) 목사 배행

(52) 김재호(金在浩) : 대정현감으로 이필술(李必述) 판관 배행

(53) 김정현(金正鉉) : 김봉길(金鳳吉)과 나란히 있음

(54) 김종운(金鍾運) : 풍영록(風詠錄) 회원(총회원 20인 중 1위)

(55) 김　철(金　澈) : 김윤(金潤) 목사의 좌측하단에 있음, 字體가 목사와 유사해 배행인 듯함

(56) 김　치(金　緻) : 판관(判官), '斲石非神斧'의 오언절구 시 남김, 乙酉 春

(57) 김한순(金漢恂) : 이현택(李顯宅) 목사 배행, 군관(軍官)

(58) 김　환(金　桓) : 윤득규(尹得逵) 목사 배행

(59) 남득원(南得遠) : 임귀춘(林貴春)·정지승(丁志升)과 나란히 있음

(60) 남만리(南萬里) : 군수 홍우순(洪友淳)과 나란히 있음, 대정현감,『耽羅誌』를 저술함

(61) 노상희(盧尙熙) : 이현택(李顯宅) 목사 배행, 정의(旌義)현감(縣監)

(62) 류민장(柳敏章) : 윤구연(尹九淵) 목사 배행

(63) 류헌징(柳獻徵) : 윤구연(尹九淵) 목사 배행

(64) 목유석(睦裕錫) : 목인배(睦仁培) 목사의 아들

(65) 목인배(睦仁培) : 목사(1854), 아들 유석(裕錫)과 함께 다녀감, 甲寅 四月

(66) 문규삼(文圭三) : 풍영록(風詠錄) 회원(총회원 20인 중 10위)

(67) 문두남(文斗南) : 수운계(搜雲契) 회원(총회원 15인 중 13위)

(68) 문두찬(文斗燦) : 풍영록(風詠錄) 회원(총회원 20인 중 7위)

(69) 민정읍(閔廷揖) : 김시진(金時鎭)·허운(許運)·판관 정동리(鄭東里)와 함께 있음

(70) 민　진(閔　震) : 윤구연(尹九淵) 목사 배행, 군관(軍官)

(71) 박경량(朴景亮) : 풍영록(風詠錄) 회원(총회원 20인 중 8위)

(72) 박기수(朴箕壽) : 심현택(沈賢澤) 목사의 좌측 하단에 위치, 甲申 四月 日

(73) 박남악(朴南岳) : 수운계(搜雲契) 회원(총회원 15인 중 15위)

(74) 박래언(朴來彦) : 김교현(金敎顯)·김동철(金東轍)과 갑동삼(甲同三), 한창유의 시 옆

(75) 박래종(朴來縱) : 박선양(朴善陽) 목사 배행, 오위장(五衛將), '縱'(종)자가 희미함

(76) 박만화(朴萬和) : 박진문·권섭·홍구서·안근 등과 함께 1754년에 다녀감, 乙亥 初夏

(77) 박민현(朴敏賢) : '동유'(同遊) 회원(총회원 10인 중 1위)

(78) 박선양(朴善陽) : 목사(1881), '탐라명리'(耽羅命吏)란 직함을 씀, 壬申 三月

(79) 박성한(朴聖漢) : 박성협(朴聖浹) 목사 배행, 군관(軍官)

(80) 박성협(朴聖浹) : 목사(1779), '탐라백'(耽羅伯)이란 직함을 씀, 甲午 初夏 十日過此

(81) 박승두(朴勝斗) : 박선양(朴善陽) 목사의 아들(次子)

(82) 박승태(朴勝台) : 박선양(朴善陽) 목사의 아들(長子)

(83) 박영한(朴永漢) : 심원택(沈遠澤) 목사 배행, 군관(軍官)

(84) 박인양(朴寅陽) : '가번'(稼樊)이란 글자로 보아 박선양(朴善陽) 목사와 형제인 듯함

(85) 박장현(朴章鉉) : 풍영록(風詠錄) 회원(총회원 20인 중 2위)

(86) 박장호(朴章浩) : 심원택(沈遠澤) 목사 배행

(87) 박종민(朴宗珉) : 이의겸(李義謙)의 시 좌측하단에 있음, 乙亥 巳月

(88) 박종오(朴宗五) : '환선대'(喚仙臺) 아래에 있고 우측에 윤진오(尹進五)가 있음

(89) 박진문(朴振文) : 권섭 · 홍구서 · 박만화 · 안근 등과 함께 있음

(90) 박창봉(朴昌鳳) : 판관(判官), 홍중징(洪重徵)의 시 좌측 하단에 있음, 甲戌 初夏

(91) 박태양(朴泰陽) : 박선양(朴善陽) 목사의 동생으로 배행, 오위장(五衛將)

(92) 백상수(白尙粹) : '동유'(同遊) 회원(총회원 10인 중 10위), '粹'(수)자가 희미함

(93) 백상지(白尙志) : '동유'(同遊) 회원(총회원 10인 중 3위)

(94) 백상화(白尙華) : '동유'(同遊) 회원(총회원 10인 중 7위)

(95) 서동원(徐東源) : 조희순(趙羲純)의 시 좌측 귀퉁이에 있음

(96) 성한종(成漢宗) : 최명조(崔命祚)와 나란히 있음

(97) 손응호(孫應虎) : 이현택(李顯宅) 목사 배행, 판관(判官)

(98) 송경태(宋景態) : 이름 위에 일출의 그림 부기, '경'(景)자만이 선명함

(99) 송구호(宋龜浩) : 목사(1888), 아들 · 책실 · 군관 등 배행, 己丑 四月

(100) 송영직(宋榮稷) : 송구호(宋龜浩) 목사의 아들

(101) 송원호(宋元浩) : 송구호(宋龜浩) 목사 배행, 군관(軍官)

(102) 송종석(宋種奭) : 송구호(宋龜浩) 목사 배행, 책실(册室)

(103) 신규석(愼奎錫) : 풍영록(風詠錄) 회원(총회원 20인 중 16위)

(104) 신덕함(申德涵) : 방선문 천장 모서리에 김수봉(金壽鳳)과 함께 새겨있음

(105) 신 변(申 汴) : '동유'(同遊) 회원(총회원 10인 중 7위)

(106) 신일동(辛一東) : 김몽규(金夢烓) 목사 배행, 군관(軍官)

(107) 신재규(愼哉揆) : 수운계(搜雲契) 회원(총회원 15인 중 3위)

(108) 신학희(申鶴熙) : 홍규(洪圭) 목사 배행, 군관(軍官)

(109) 심낙중(沈樂中) : 우서(又西)란 호를 쓰고 있음, 심원택 목사와 같은 면에 있음

(110) 심상준(沈相俊) : 심원택(沈遠澤) 목사 배행

(111) 심원택(沈遠澤) : 목사(1887), 군관 박영한(朴永漢) 등 2인 배행, 丁亥 四月

(112) 심현택(沈賢澤) : 목사(1884), '지주'(知州)란 직함을 씀, 開國 493년 甲申

(113) 안경운(安慶運) : 목사(1741), '방어사'(防禦使)란 직함을 씀, 아들 치범(致範) 동행

(114) 안　근(安　根) : 박진문 · 권섭 · 홍구서 · 박만화 등과 함께 1754년에 다녀감, 乙亥 初夏

(115) 안명악(安命岳) : 이원조(李源祚) 목사와 아들 이름의 글씨를 써서 바침(奉硯)

(116) 안세윤(安世潤) : 홍태두(洪泰斗) 목사 배행, 판관(判官)

(117) 안치범(安致範) : 안경운(安慶運) 목사의 아들

(118) 양경유(梁慶禾) : 박성협(朴聖浹) 목사 배행, 심약(審藥)

(119) 양석규(梁錫圭) : 풍영록(風詠錄) 회원(총회원 20인 중 13위)

(120) 양응상(梁應祥) : '水從瀛海放'의 오언절구의 시 남김, 제주향교 중수기록(1933) 있음

(121) 양인보(梁仁保) : 고인운 · 오성길과 나란히 있음, 이름 중 '保'(보)자가 희미함

(122) 양태중(梁泰重) : 윤구연(尹九淵) 목사 배행

(123) 양호원(梁昊元) : 풍영록(風詠錄) 회원(총회원 20인 중 12위)

(124) 영　초(瀛　樵) : '洞穴螺旋入'의 오언절구의 시를 남긴 사람의 아호, 신상 및 연대 불명

(125) 오규영(吳圭瀛) : 수운계(搜雲契) 회원(총회원 15인 중 9위)

(126) 오성길(吳成吉) : 양인보 · 고인운과 함께 있음, '양응상의 제영' 옆 바위 하단에 있음

(127) 오성하(吳成廈) : 돌로 새긴 듯함, '하'(廈)자가 희미함

(128) 오창두(吳昌斗) : 임귀춘 · 정지승 · 남득원의 위쪽에 있음

(129) 유성환(兪晟煥) : 풍영록(風詠錄) 회원(총회원 20인 중 6위)

(130) 유정희(劉廷禧) : '왜학'(倭學)이란 직함이 있음

(131) 윤구연(尹九淵) : 목사(1751), '영주백'(瀛洲伯)직함 씀, 방선문천장에 위치, 壬申孟春

(132) 윤두성(尹斗成) : 송구호(宋龜浩) 목사 배행

(133) 윤득규(尹得逵) : 목사(1786), '부백'(府伯)이란 직함 씀, '訪仙門' 제명 위에 위치, 丙午

(134) 윤득돈(尹得敦) : 윤득규(尹得逵) 목사 배행

(135) 윤부연(尹溥淵) : 이유실(李有實)과 함께 '호서과객'(湖西過客)이라 자칭함, 壬申孟春

(136) 윤상화(尹相和) : 유배인의 명칭인 '적객'(謫客)을 이름 앞에 쓰고있음, 甲申 五月 日

(137) 윤양동(尹養東) : 윤득규(尹得逵) 목사의 아들

(138) 윤영의(尹泳毅) : 홍규(洪圭) 목사 배행

(139) 윤우동(尹羽東) : 윤득규(尹得逵) 목사의 아들

(140) 윤진오(尹進五) : '환선대'(喚仙臺) 제명 아래에 있음

(141) 이갑현(李甲鉉) : 이노영(李魯榮)과 나란히 있음, 丙子

(142) 이계혁(李啓奕) : 강면규(姜冕奎) 목사 배행

(143) 이교만(李敎晩) : 홍규(洪圭) 목사 배행

(144) 이 급(李 級) : '동유'(同遊) 회원(총회원 10인 중 4위)

(145) 이근복(李根福) : 우선대(遇仙臺) 옆 벼랑에 오언절구의 시(일부 훼자)와 함께 있음

(146) 이기온(李基瑥) : 참판 최익현(崔益鉉)의 이름 옆에 새겨 있음, 乙亥

(147) 이노영(李魯榮) : 이갑현(李甲鉉)과 나란히 있음, 丙子

(148) 이능백(李能白) : 수운계(搜雲契) 회원(총회원 15인 중 10위)

(149) 이두남(李斗南) : 이필술(李必述) 판관의 아들

(150) 이두성(李斗成) : '濟州築港事務所'란 글자 옆에 새겨 있음, (단기)4283. 3. 29

(151) 이로하(李潞夏) : 정의성(丁義成)과 나란히 있음, 이원조(李源祚) 목사의 막료(幕僚)

(152) 이명준(李命俊) : 목사(1787), 홍중징(洪重徵)의 시 '登瀛丘' 우측 상단에 있음

(153) 이명협(李明協) : '동유'(同遊)회원(총회원 10인 중 10위), '명'(明)자가 희미함

(154) 이문추(李問樞) : 홍태두(洪泰斗) 목사 배행, 군관(軍官)

(155) 이삼변(李三邊) : 입구쪽에 '사찰과'(査察課)란 소속과 채수민(蔡洙敏)이 함께 기록됨

(156) 이성유(李聖儒) : 박성협(朴聖浹) 목사 배행

(157) 이시우(李始愚) : 강면규(姜冕奎) 목사 배행, 군관(軍官)

(158) 이영준(李永俊) : 이재관(李在寬)과 나란히 있으며 밑에 고순재(高淳在)가 함께 있음

(159) 이영협(李榮協) : '동유'(同遊) 회원(총회원 10인 중 6위)

(160) 이원조(李源祚) : 목사(1842), 『耽羅錄』등 저술, 아들(子) 정상(鼎相) 동행

(161) 이원필(李源弼) : 수운계(搜雲契) 회원(총회원 15인 중 12위)

(162) 이유실(李有實) : 윤부연(尹溥淵)과 함께 '호서과객'(湖西過客)이라 자칭함, 壬申孟春

(163) 이의겸(李義謙) : 판관(判官), '浦口呑紅日'의 오언절구의 시를 남김, 戊子 四 初一日

(164) 이의규(李義逵) : 이현택(李顯宅) 목사의 조카(侄)

(165) 이의보(李儀保) : 풍영록(風詠錄) 회원(총회원 20인 중 20위)

(166) 이인보(李寅輔) : 안경운(安慶運) 목사 배행, 군관(軍官)으로서 제액(題額) 글씨를 씀

(167) 이인전(李仁典) : 송구호(宋龜浩) 목사 배행, 중방(中房)

(168) 이재관(李在寬) : 이영준(李永俊)과 나란히 있고 아래에 고순재(高淳在)가 함께 있음

(169) 이재국(李在國) : 이재호(李在護) 목사의 동생, 참봉(參奉)

(170) 이재호(李在護) : 목사(1901), 직함 영백(瀛伯) 씀, 동생(弟) 재국(在國) 배행

(171) 이정상(李鼎相) : 이원조(李源祚) 목사의 아들

(172) 이정섭(李定燮) : 아호 태인(泰仁)을 씀, 수운계(搜雲契) 명단 우측벽에 있음, 癸酉 秋

(173) 이정협(李禎恊) : '동유'(同遊) 회원(총회원 10인 중 2위)

(174) 이종방(李宗芳) : 김몽규(金夢煃) 목사 배행

(175) 이창기(李昌基) : 박선양(朴善陽) 목사 배행, 중방(中房) 2인 중 1인

(176) 이필술(李必述) : 판관(判官), 아들 두남·김재호·홍양섭 등 배행

(177) 이현모(李顯謨) : 이현택(李顯宅) 목사 배행

(178) 이현택(李顯宅) : 목사(1809), '목백'(牧伯)이란 직함을 씀, 판관·정의현감 등 배행

(179) 이희대(李禧大) : 김몽규(金夢煃) 목사 배행, 심약(審藥)

(180) 임귀춘(林貴春) : 정지승(丁志升)·남득원(南得遠) 나란히 새겨 있음

(181) 임태유(任泰瑜) : '壁間纔一路'의 오언절구의 시 남김, 乙酉 暮春

(182) 장기룡(張紀龍) : 윤구연(尹九淵) 목사 배행

(183) 장봉철(張鳳徹) : '심약'(審藥)이란 직함이 있음

(184) 정관휘(鄭觀輝) : 목사(1802), 배행자 없이 홀로 바위 밑에 새겨 있음

(185) 정동리(鄭東里) : 판관(判官), 영조 3년(1727) 8월 방선문을 찾음, 丁未 八月 吉日 識

(186) 정동우(鄭東羽) : 김몽규(金夢煃) 목사 배행

(187) 정동원(鄭東源) : 임태유(任泰瑜)의 시 우측에 새겨 있음

(188) 정언좌(鄭彦佐) : 김몽규(金夢煃) 목사 배행

(189) 정의성(丁義成) : 이로하(李潞夏)와 나란히 있음, 이원조(李源祚) 목사의 막료(幕僚)

(190) 정지승(丁志升) : 임귀춘(林貴春)·남득원(南得遠)과 나란히 새겨 있음

(191) 정천추(丁天樞) : 한양과객(漢陽過客)이라 자칭함

(192) 정치복(鄭致福) : 최운숙·김시진·한낙증·김재서의 좌측 하단에 있음

(193) 조익상(趙益祥) : 박성협(朴聖浹) 목사 배행

(194) 조희순(趙羲純) : 목사(1871), '線通花徑轉'의 오언절구의 시 남김

(195) 채수민(蔡洙敏) : 입구쪽에 '사찰과'(査察課)란 소속과 이삼변(李三邊)이 함께 기록됨

(196) 최경보(崔璟宝) : 박선양 목사 일행의 제액 바위 우측 구석에 위치

(197) 최명조(崔命祚) : 성한종(成漢宗)과 나란히 함께 새겨 있음

(198) 최운숙(崔雲翻) : 김시진·한낙증·김재서와 함께 있음

(199) 최익현(崔益鉉) : 참판(參判), 옆에 이기온(李基瑥)의 이름이 함께 있음, 乙亥

(200) 최준문(崔濬文) : 홍태두(洪泰斗) 목사 배행

(201) 최 탁(崔 倬) : 김몽규(金夢煃) 목사 배행

(202) 피병규(皮秉奎) : 송구호(宋龜浩) 목사 배행

(203) 한기하(韓祈河) : '제주를 떠나며'[州出外]라는 표현을 씀, '한'(韓)자가 희미함, 壬午 春

(204) 한낙증(韓樂增) : 최운숙·김시진·김재서와 함께 있음

(205) 한백증(韓百增) : '丁卯 初夏에 동생과 함께 이곳에 오다'라고 기록, 韓樂增의 동생(?)

(206) 한상오(韓相五) : 박성협(朴聖浹) 목사 배행

(207) 한영이(韓永履) : 이현택(李顯宅) 목사 배행

(208) 한익상(韓翊相) : 참판(參判) 한학수(韓學洙)의 옆(방선문 천장)에 새겨 있음, 戊申

(209) 한정운(韓鼎運) : 목사(1806), '亂石況雲合'의 오언절구의 시를 남김

(210) 한정유(韓禎裕) : 수운계(搜雲契) 회원(총회원 15인 중 2위)

(211) 한학수(韓學洙) : 참판(參判), 방선문 천장 가운데 있음, 옆에 한익상(韓翊相)이 보임

(212) 한형진(韓衡鎭) : 우측에 한백증(韓百增)이 동생을 데리고 왔다는 기록이 함께 있음

(213) 허 운(許 運) : 이름 앞에 산인(散人)이라 칭함, 김시진·민정읍·정동리와 함께 있음

(214) 허 익(許 瀷) : 허흠(許欽)과 같은 면에 있음

(215) 허 흠(許 欽) : 허익(許瀷)과 같은 면에 있음

(216) 현상휴(玄商休) : 풍영록(風詠錄) 회원(총회원 20인 중 3위)

(217) 현윤평(玄閏苹) : 판관 강인호(康仁鎬) 옆에 있음, '평'(苹)자가 희미함, 주사(主事)

(218) 현진택(玄鎭宅) : 윤득규(尹得逵) 목사 배행, 책실(冊室)

(219) 홍구서(洪九瑞) : 박진문·권섭·박만화·안근 등과 1754년에 다녀감, 乙亥 初夏

(220) 홍　규(洪　圭) : 목사(1885), 군관 신학희·이교만·윤영 등 배행, 乙酉

(221) 홍명서(洪明瑞) : 임귀춘(林貴春)·정지승(丁志升)·남득원(南得遠)의 좌측 하단에 있음

(222) 홍성노(洪性老) : 박선양 목사의 일행 명단 아래에 있음, 돌로 새긴 듯 정교하지 않음

(223) 홍순곤(洪淳坤) : 풍영록(風詠錄) 회원(총회원 20인 중 9위)

(224) 홍신건(洪愼健) : 김몽규(金夢煃) 목사 배행

(225) 홍양섭(洪良燮) : 이필술(李必述) 판관 배행, '섭'(燮)자가 희미함

(226) 홍우순(洪友淳) : 군수(郡守), 남만리(南萬里)와 나란히 쓰여 있음, 甲辰

(227) 홍의표(洪義杓) : 풍영록(風詠錄) 회원 20인의 마애각 개수작업 벌임

(228) 홍종우(洪鍾宇) : 목사(1902), 방선문 제액 중 글자크기가 제일 큼, 光武 甲辰 五月 日

(229) 홍　준(洪　埈) : 동범(東帆)이란 호를 쓰고 있고 홍규(洪圭) 목사 옆에 있음

(230) 홍중징(洪重徵) : 목사(1739), '등영구'(登瀛丘) 제하의 오언절구 시 남김, 己未首夏

(231) 홍태두(洪泰斗) : 목사(1755), '防禦使' 직함 씀, 이문추·최준문·안세윤 배행, 乙亥初夏

(232) 홍평규(洪平圭) : 임태유(任泰瑜)의 시 좌측에 새겨 있음

(233) 황규현(黃奎鉉) : 김윤(金潤) 목사 좌측에 있음, 자체가 유사하여 목사의 배행인 듯함

▶ 한글 제명(題名)

* 제액형태 - '강유호'를 제외한 대부분이 돌로 새긴 듯 자체(字體)가 정교하지 않음, ( )의 내용이 함께 있음

(1) 강유호(1938. 4)　　(2) 강희부

(3) 김경민(해남)　　(4) 송승찬

(5) 송찬삼　　(6) 문병영(다호4H)

(7) 삼성형제　　(8) 진군승

(9) 진도군　　(10) 홍규생

역대 제주관리 방선문 마애각 제액
(歷代 濟州官吏 訪仙門 磨崖刻 題額)

1. 제주목사(濟州牧使)

   (1) 홍중징(洪重徵)
   (2) 안경운(安慶運)
   (3) 김 윤(金 潤)
   (4) 윤구연(尹九淵)
   (5) 김몽규(金夢煃)
   (6) 홍태두(洪泰斗)
   (7) 박성협(朴聖浹)
   (8) 김영수(金永綬)
   (9) 윤득규(尹得逵)
   (10) 이명준(李命俊)
   (11) 정관휘(鄭觀輝)
   (12) 한정운(韓鼎運)
   (13) 이현택(李顯宅)
   (14) 이원조(李源祚)
   (15) 목인배(睦仁培)
   (16) 강면규(姜冕奎)
   (17) 조희순(趙羲純)
   (18) 박선양(朴善陽)
   (19) 심현택(沈賢澤)
   (20) 홍 규(洪 圭)
   (21) 심원택(沈遠澤)
   (22) 송구호(宋龜浩)
   (23) 이재호(李在護)
   (24) 홍종우(洪鍾宇)

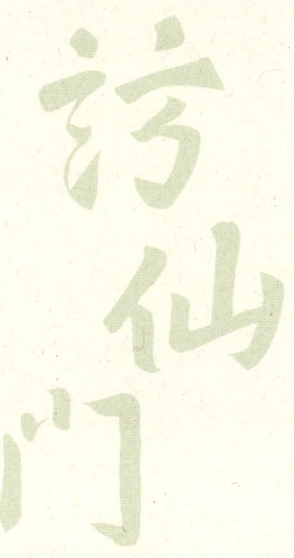

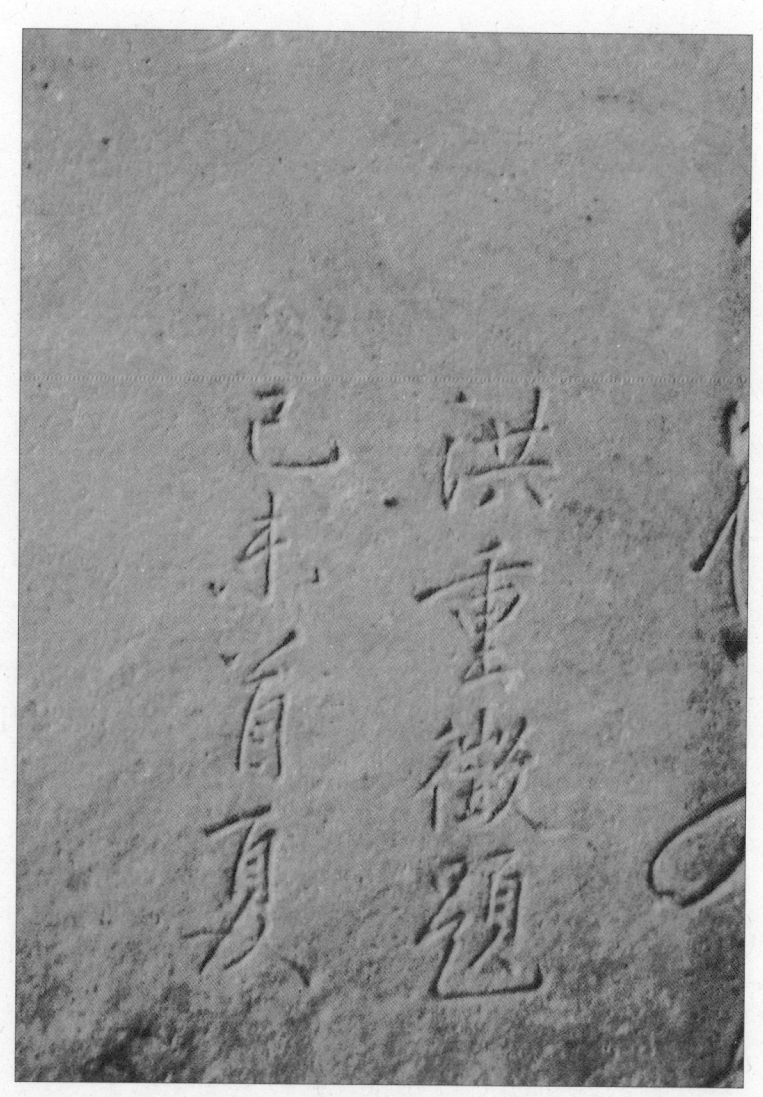

⑴ 홍중징(洪重徵)

- ▶ **재임기간** : 영조 14년(戊午) / 1738. 10~영조 15년(己未) / 1739. 9
- ▶ **재임 중 업적** : 제주향교에 청금생(靑衿生) 설치, 조[粟]를 조정에 요청 백성들 진휼, 현재 제주 향교에 '牧使洪公重徵立靑衿案碑'(1982)의 비석이 있음

- ● 방문일시 : 1739년 초여름(己未首夏)
- ● 직함 및 배행(陪行) : 없음
- ● 특기사항 : '등영구'(登瀛丘)란 제하(題下)로 '石竇呀然處'의 오언절구(五言絕句) 시 남김

(2) 안경운(安慶運)

- ▶ 재임기간 : 영조 16년(庚申) / 1740. 9 ~ 영조 19년(癸亥) / 1743. 3
- ▶ 재임 중 업적 : 귤림당(橘林堂)을 중수(重修)함, 삼성묘(三姓廟)에 재생(齋生)을 둠

- ● 방문일시 : 기록 없음
- ● 직함 및 배행 : 방어사(防禦使) / '아들 치범'(子 致範)과 군관(軍官) 이인보(李寅輔)
- ● 특기사항 : 제액(題額)의 글씨는 배행한 군관 이인보가 썼음

(3) 김 윤(金 潤)

- ▶ **재임기간** : 영조 19년(癸亥) / 1743. 8~영조 20년(甲子) / 1744. 9
- ▶ **재임 중 업적** : 목자고(牧子庫)를 설치해 공마(貢馬)의 문제를 효율적으로 처리, 효자 홍달한·열녀 강유진 등 포상 정려(旌閭)함

- ● **방문일시** : 1744년 초여름(甲子首夏)
- ● **직함 및 배행** : 목사(牧使) / 특별한 배행자 기록이 없음
- ● **특기사항** : 좌측의 황규현(黃奎鉉)과 김철(金澈)은 그 자체(字體)가 목사 김윤과 비슷하여 배행이 아닌가 추정됨

(4) 윤구연(尹九淵)

- ▶ 재임기간 : 영조 27년(辛未) / 1751. 8~영조 28년(壬申) / 1752. 12
- ▶ 재임 중 업적 : 유배죄인 방품(放稟)사건으로 파직될 뻔함

- ● 방문일시 : 1752년 초봄(壬申孟春)
- ● 직함 및 배행 : 영주백(瀛洲伯) / 군관 민진(閔震)·류민장(柳敏章)·양태중(梁泰重)·류헌징(柳獻徵)·장기룡(張紀龍)
- ● 특기사항 : 방선문 천장에 제액이 위치함

(5) 김몽규(金夢奎)

- ▶ **재임기간** : 영조 28년(壬申) / 1752. 12~영조 30년(甲戌) / 1754. 10
- ▶ **재임 중 업적** : 운주당(運籌堂)과 관덕정(觀德亭)을 중수(重修)함, 제주성 동서남문 세곳에 옹중석(翁中石 - 돌하르방)을 세움, 임금탄신일 축하전문을 제대로 올리지 않아 파직됨, 현재 제주향교에 '牧使金公夢奎尊聖待士碑'(1759)의 비석이 세워져 있음

- ● **방문일시** : 1754년 초여름(甲戌首夏)
- ● **직함 및 배행** : 영주백(瀛洲伯) / 아들(子) 숙기(肅基)·욱기(郁基)·군관 신일동(辛一東)·정언좌(鄭彦佐)·김득기(金得基)·정동우(鄭東羽)·최 탁(崔倬)·이종방(李宗芳)·홍신건(洪愼健)·심약(審藥) 이희대(李禧大)
- ● **특기사항** : 서각(書刻)의 현존 형태가 매우 양호함. 방선문 좌측 모서리 암벽에 있음

(6) 홍태두(洪泰斗)

▶ **재임기간** : 영조 30년(甲戌) / 1754. 10 ~ 영조 32년(丙子) / 1756. 9
▶ **재임 중 업적** : 제주향교 광양으로 이설, 유배죄인 동태보고에 문제가 생겨 파직됨

● **방문일시** : 1755년 초여름(乙亥初夏)
● **직함 및 배행** : 방어사(防禦使) / 군관 이문추(李問樞)·최준문(崔濬文)·판관 안세윤(安世潤)
● **특기사항** : 방선문 입구 상단에 제액이 위치함

(7) 박성협(朴聖浹)

- ▶ **재임기간** : 영조 49년(癸巳) / 1773. 3 ~ 영조 50년(甲午) / 1774. 5
- ▶ **재임 중 업적** : 백호루(白虎樓)를 중수(重修)함, 방선문을 다녀간 지 며칠 없어 관청에서 사망함

- ● **방문일시** : 1774년 5월 10일 이곳을 다녀감(甲午初夏 十日過此)
- ● **직함 및 배행** : 탐라백(耽羅伯) / 군관 박성한(朴聖漢)·조익상(趙益祥)·이성유(李聖儒)·강우주(姜遇周)·김재혁(金載赫)·한상오(韓相五)·심약(審藥) 양경유(梁慶柔)
- ● **특기사항** : 홍중징의 시가 새겨진 암석 상단 평사면에 제액이 위치함

(8) 김영수(金永綏)

- ▶ **재임기간** : 정조 2년(戊午) / 1778. 2~정조 5년(辛丑) / 1781. 3
- ▶ **재임 중 업적** : 운주당(運籌堂)과 연무정(演武亭)을 중수함, 산지천 서안으로 간성(間城)을 쌓음

- ● **방문일시** : 1779년 봄(己亥春)
- ● **직함 및 배행** : 특별한 직함 없음 / 아들(子) 낙원(樂圓), 己亥 季春
- ● **특기사항** : '환선대'(喚仙臺)란 큰 글씨의 제액(題額)을 남겼고 옆에 '萬壑乾坤大'의 오언율시 (五言律詩)가 붙어있음

(9) 윤득규(尹得逵)

▶ **재임기간** : 정조 9년(乙巳) / 1785. 5~정조 10년(丙午) / 1786. 4
▶ **재임 중 업적** : 부임한 해 겨울 대정관부에 화재가 발생, 진상한 청귤이 부패되어 파직됨

● **방문일시** : 1786년 4월(丙午 四月)
● **직함 및 배행** : 부백(府伯) / 아들(子) 우동(羽東)·아들(從子) 양동(養東)·책실(册室) 현진택(玄鎭澤)·김 환(金 桓)·군관 김술증(金述曾)·윤득돈(尹得敦)·강문일(姜文一)
● **특기사항** : 제액의 위치가 방선문(訪仙門)이란 글자가 새겨진 바로 상단임

(10) 이명준(李命俊)

- ▶ **재임기간** : 정조 10년(丙午) / 1786. 4~정조 12년(戊申) / 1788. 3
- ▶ **재임 중 업적** : 부임한 해(丙午) 가을 흉년이 들자 비축해둔 곡식 130여 석으로 특히 피해가 심한 정의고을 주민들 구휼, 다음 해(丁未)에도 연달아 흉년이 닥치자 조정에 미(米) 3000석을 청하여 구휼에 힘씀, 부임 3년째 병을 얻어 사직함

- ● 방문일시 : 없음
- ● 직함 및 배행 : 없음
- ● 특기사항 : 홍중징(洪重徵)의 시 '등영구'(登瀛丘) 우측 상단에 제액이 위치함

(11) 정관휘(鄭觀輝)

▶ **재임기간** : 정조 23년(己未) / 1799. 12~순조 2년(壬戌) / 1802. 3
▶ **재임 중 업적** : 국둔마 1500여 필이 흉년으로 죽었는데 강성익이 상소하여 변제를 면케 해줌

● **방문일시** : 없음
● **직함 및 배행** : 목사(牧使) / 배행자 없음
● **특기사항** : 방선문 남단 바위 안쪽에 홀로 제액이 위치함

(12) 한정운(韓鼎運)

- ▶ **재임기간** : 순조 7년(丁卯) / 1807. 3~순조 9년(己巳) / 1809. 1
- ▶ **재임 중 업적** : 연상루(延祥樓)를 중수하고 군기고(軍器庫)와 남북수구 홍문(虹門)을 개축함, 사라봉에 소나무를 식재하고 망경루(望京樓) 북쪽으로 과원(果園)을 조성함

- ● **방문일시** : 없음
- ● **직함 및 배행** : 없음
- ● **특기사항** : 방선문 입구 좌측으로 기운 바위에 '벽 위의 운을 따서'(次壁上韻) '亂石況雲合'의 오언절구의 시를 남김

(13) 이현택(李顯宅)

- ▶ **재임기간** : 순조 9년(己巳) / 1809. 1~순조 11년(辛未) / 1811. 6
- ▶ **재임 중 업적** : 제승정(制勝亭)과 운주당(運籌堂)을 중수함, 이듬해 영호남에 대 기근이 들자 제주에 비축해둔 별비미(別備米)를 옮겨 호남 여러 읍에 진급(賑給)함, 그 후 매년 곡(穀) 800석을 다시 받아와 공용으로 보충함

- ● **방문일시** : 없음
- ● **직함 및 배행** : 목백(牧伯) / 판관 손응호(孫應虎)·정의(旌義)(현감) 노상희(盧尙熙)·군관 김한순(金漢恂)·권계동(權啓東)·한영이(韓泳履)·이현모(李顯謨)
- ● **특기사항** : 배행 명단 좌측으로 누군가 고의로 훼손시킨 듯 심하게 마멸되어 있음, 우측에 조카[侄] 의규(義逵)가 있음

(14) 이원조(李源祚)

- ▶ **재임기간** : 헌종 7년(辛丑) / 1841. 윤3월~헌종 9년(癸卯) / 1843. 6
- ▶ **재임 중 업적** : 부임한 해(辛丑) 가을 대 기근이 들자 장계를 올려 호남 연안의 읍에서 창고의 쌀 2500석을 들여오고 3읍의 주민들에게 나누어 줌, 우도와 가파도에 경작을 실시하도록 했고 세금을 사복시(司僕寺)에 분납케 함, 정온(鄭蘊)선생의 송덕비 '鄭桐溪謫廬遺墟碑'를 세웠고 귤림서원 옆에 향현사(鄕賢祠)를 세워 고득종(高得宗)을 배향함

- ● **방문일시** : 없음
- ● **직함 및 배행** : 특별한 직함 없음 / 아들(子) 정상(鼎相)
- ● **특기사항** : 좌측 하단에 작은 글씨로 '봉연 안명악'(奉硯 安命岳)이란 문구가 있음, 인접한 하단의 바위틈에 정의성(丁義成)·이로하(李潞夏)가 나란히 새겨 있는데 원래 이들 두 사람은 이원조 목사의 '막료'(幕僚)로 『탐라록』(耽羅錄)에는 기록되어 있음

92

(15) 목인배(睦仁培)

▶ **재임기간** : 철종 4년(癸丑) / 1853. 12~철종 6년(乙卯) / 1855. 8
▶ **재임 중 업적** : 제주향교에 계성사(啓聖祠)를 건립했고 사직단(社稷壇)을 개축함, 별시(別試)를 치르게 해서 김명악·오승현·박수룡 등 제주출신의 인재를 선발함

- **방문일시** : 1854년 4월(甲寅 四月 日)
- **직함 및 배행** : 목사(牧使) / 아들(子) 유석(裕錫)
- **특기사항** : 제액의 위치에 일부러 네모 형태의 선을 그어 구분했음

(16) 강면규(姜冕奎)

▶ 재임기간 : 철종 11년(庚申) / 1860. 윤3월~철종 12년(辛酉) / 1861. 2
▶ 재임 중 업적 : 부임 후 1년이 채 안되어 파직되어 교체됨

● 방문일시 : 1860년 윤3월 매일(庚申 閏三月 晦日題)
● 직함 및 배행 : 목사(牧使) / 조카[堂侄] 호(鎬), 군관 이시우(李始愚)・이계혁(李啓奕)
● 특기사항 : 방선문 안 바닥의 돌에 위치해 있어 물의 흐름에 쓸려 자체(字體)가 희미함

(17) 조희순(趙羲純)

- ▶ **재임기간** : 고종 5년(戊辰) / 1868. 10〜고종 9년(壬申) / 1872. 5
- ▶ **재임 중 업적** : 재임 중 한발과 홍수 등 재해가 잇달아 일어나자 내미(內米) 2000석과 내전(內錢) 2000냥을 계청(啓請)하여 진휼에 힘씀, 제주성의 격대(擊垈)를 개축하고 남북수문을 보수함, 제주영(濟州營)의 병력 확충과 포과(砲科)의 창설 제주향교를 중수(重修)함, 1871년 서원철훼령에 의해 귤림서원과 삼성사가 철훼됨, 그를 기리는 비석이 두 개가 세워졌는데 '牧使趙公羲純校宮修改碑'(1872)와 '牧相趙公羲純永世不忘碑'(1878)로서 현재 제주목관아지에 있음

- ● **방문일시** : 1869년 4월 길일(己巳 四月 吉日)
- ● **직함 및 배행** : 목사(牧使) / 배행자 없음
- ● **특기사항** : 방선문 안 바닥의 돌에 오언절구(五言絶句) '線通花徑轉'의 시를 남김

(18) 박선양(朴善陽)

- ▶ 재임기간 : 고종 18년(辛巳) / 1881. 5~고종 20년(癸未) / 1883. 5
- ▶ 재임 중 업적 : 관덕정(觀德亭)을 중수(重修)함

- ● 방문일시 : 1882년 3월(壬午 三月 日)
- ● 직함 및 배행 : 탐라명리(耽羅令吏) / 동생(弟) 오위장(五衛將) 태양(泰陽)·아들(子) 승태(勝台)·승두(勝斗)·군관 오위장 박래ㅇ(朴來ㅇ)·판관 김동표(金東杓)·본주진사(本州進士) 김양수(金亮洙)·중방(中房) 김인택(金仁宅)·이창기(李昌基)
- ● 특기사항 : 우측의 '박인양'(朴寅陽)은 '가번'(稼樊)이란 문구가 함께 있는 것으로 미루어 박선양 목사와 형제지간일 것이라고 추정됨

(19) 심현택(沈賢澤)

- ▶ **재임기간** : 고종 20년(癸未) / 1883. 5 ~ 고종 21년(甲申) / 1884. 12
- ▶ **재임 중 업적** : 공신정(拱辰亭)을 중수(重修)함, 그를 기리는 비석 - '牧相沈公賢澤愛民施惠碑' (1891)가 현재 제주민속자연사박물관에 있음

- ● **방문일시** : 1884년(開國 四百九十三年 甲申)
- ● **직함 및 배행** : 지주(知州) / 좌측에 박기수(朴箕壽)의 이름이 작게 있음
- ● **특기사항** : 방선문을 마주한 남쪽 암벽 상단에 위치함

(20) 홍 규(洪 圭)

- ▶ **재임기간** : 고종 21년(甲申) / 1884. 12~고종 23년(丙戌) / 1886. 5
- ▶ **재임 중 업적** : 연희각(延曦閣)을 중수(重修)함, 감은당(感恩堂)을 특별히 설치했고 민폐를 최대한 줄이도록 노력함, 그의 송덕비 '牧相洪公圭待士碑'(1886)와 '牧使洪公圭去思碑'(1887)가 제주향교와 화북동 비석거리에 각각 세워져 있음

- ● **방문일시** : 1885년(乙酉)
- ● **직함 및 배행** : 목사(牧使) / 군관 신학희(申鶴熙)·이교만(李敎晚)·윤영의(尹泳毅)
- ● **특기사항** : 방선문 바깥 남쪽 바위에 위치함

(21) 심원택(沈遠澤)

- ▶ **재임기간** : 고종 23년(丙戌) / 1886. 5~고종 25년(戊子) / 1888. 7
- ▶ **재임 중 업적** : 부임한 해(丙戌) 여름 제주 섬 전역에 전염병이 크게 번져 수만명이 죽고, 더구나 7월에는 큰 홍수가 나 가옥이 침수되고 남북수구가 저절로 무너지는 사태가 발생함, 이듬해에 남수문 홍문(虹門)을 개축함, 그를 기리는 비석 - '牧使沈遠澤興學碑'(1890)가 현재 제주향교에 세워져 있음

- ● **방문일시** : 1887년 4월 20일(丁亥 四月 二十日)
- ● **직함 및 배행** : 목사(牧使) / 군관 박영한(朴永漢)·심상준(沈相俊)·박장호(朴章浩)
- ● **특기사항** : 방선문 앞 첫 암벽에 위치함, 같은 면에 '우서 심낙중'(又西 沈樂中)의 제액도 함께 있음

(22) 송구호(宋龜浩)

- ▶ 재임기간 : 고종 25년(戊子) / 1888. 7~고종 27년(庚寅) / 1890. 4
- ▶ 재임 중 업적 : 모흥혈(毛興穴) 제각(祭閣)을 새로 세움

- ● 방문일시 : 1889년 4월(己丑 四月 日)
- ● 직함 및 배행 : 목사(牧使) / 아들(子) 영직(榮稷)·책실(册室) 송종석(宋鍾奭)·군관 송원호(宋元浩)·윤두성(尹斗成)·피병규(皮秉奎)·중방(中房) 이인전(李仁典)
- ● 특기사항 : 방선문 입구 우측 하단에 위치함

(23) 이재호(李在護)

- ▶ **재임기간** : 고종 광무5년(辛丑) / 1901. 4~고종 광무6년(壬寅) / 1902. 6
- ▶ **재임 중 업적** : 부임한 해(辛丑) 3월 천주교인들의 횡포에 반기를 들어 대정사람 오대현·강우백·이재수 등이 민당을 이끌고 제주성을 점거하고 천주교 신자들 다수를 살해하는 사태가 발생함, 조정에서 찰리사 황기연을 파견하고 윤철규가 이끄는 강화주둔 병정 300백명이 들어와 난을 진압하고 주동자 3인을 서울로 압송해 감, 목사가 부자들로부터 함부로 물건을 징발하고 또 탐폭하여 백성들로 하여금 사갈시(蛇蝎視) 당함

- ● **방문일시** : 없음
- ● **직함 및 배행** : 영백(瀛伯) / 동생(弟) 참봉(參奉) 재국(在國)
- ● **특기사항** : 방선문 남쪽입구 하단 바위에 위치함

(24) 홍종우(洪鍾宇)

- ▶ 재임기간 : 고종 광무7년(癸卯) / 1903. 1~고종 광무9년(乙巳) / 1905. 3
- ▶ 재임 중 업적 : 영은정(泳恩亭)을 만들고 망경루(望京樓)를 중수(重修)함, 산에 있는 소나무를 많이 벌채하고 민재 1만냥을 징수하여 삼군에 분장한다고 하면서 뇌물로 쓰는 등 사회가 부정부패로 가득 차 백성들의 원성이 높았음, 탐오(貪汚)로 파직되어 감, 참고로 홍종우는 구한말 당시 개화파의 김옥균(金玉均)을 권총으로 살해한 장본인임

- ● 방문일시 : 1904년 5월(光武 甲辰 五月 日)
- ● 직함 및 배행 : 없음
- ● 특기사항 : 방선문 남쪽 벽에 위치함, 모든 제액(題額) 중 글자의 크기가 가장 큼

2. 제주판관(濟州判官)

(1) 김　치(金　緻)
(2) 정동리(鄭東里)
(3) 박창봉(朴昌鳳)
(4) 안세윤(安世潤)
(5) 김봉길(金鳳吉)
(6) 손응호(孫應虎)
(7) 이필술(李必述)
(8) 이의겸(李義謙)
(9) 고경준(高景晙)
(10) 강인호(康仁鎬)
(11) 홍우순(洪友淳)

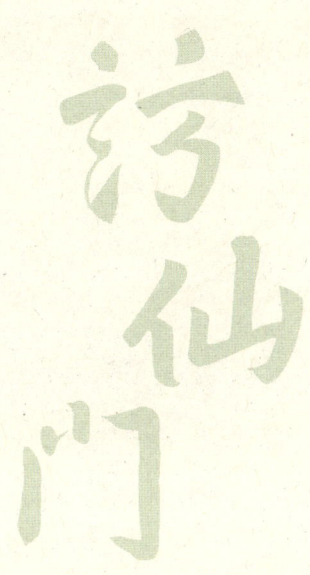

(1) 김 치(金 緻)

- ▶ 재임기간 : 광해군 1년(己酉) / 1609. 3~광해군 2년(庚戌) / 1610. 10
- ▶ 재임 중 업적 : 제주의 행정구역 개편 정리(중·좌·우면 - 제주·정의현, 좌·우 - 대정현), 군대를 6번으로 편성 민폐를 없앰, 선정비(善政碑)를 세워 그를 기림

- ● 방문일시 : 1609년 봄(乙酉 春)
- ● 직함 및 배행 : 없음
- ● 특기사항 : 현재까지 일반적인 견해로는 '斲石非神斧'(착석비신부)의 작자가 김치(金緻)로 알려져 있음

※ 그가 제주판관으로 부임한 해는 1609년 봄으로서 간지로는 '己酉 春'에 해당한다. 그런데 제액된 글씨로는 '乙酉 春'에 가깝고, 이름 부분도 2자가 아닌 3자로 보인다. 그리고 역대 제주관리 중 방선문을 방문한 인사로는 김치(金緻) 다음으로 판관 정동리(鄭東里)가 이에 해당한다. 두 사람의 방문일자가 무려 118년의 간격이 생긴다. 이 사이에 방선문 마애명의 기록이 전무하다는 것도 이해하기 어려운 부분이다. 따라서 김치(金緻)의 기록에 대한 정밀한 고증이 필요하다고 본다.

(2) 정동리(鄭東里)

- ▶ **재임기간** : 영조 2년(丙午) / 1726. 9 ~ 영조 4년(戊申) / 1728. 6
- ▶ **재임 중 업적** : 부임 이듬해 4월 제주시재어사(試才御使) 김상석(金相奭)이 내도 과장(科場) 계설함

- ● **방문일시** : 1727년 8월 초 길일 ('歲丁未八月初吉日識')
- ● **직함 및 배행** : 판관(判官) / 김시진(金時鎭)·민정읍(閔廷揖)·산인 허운(散人 許運)
- ● **특기사항** : '岩開大禹斧 月老女媧天'(바위는 위대한 우임금의 도끼로 열었고, 달은 전설 속 여왜의 하늘로 기우네)와 '雙溪石門'(쌍계석문)이라는 문구가 새겨 있음

(3) 박창봉(朴昌鳳)

- ▶ 재임기간 : 영조 28년(壬申) / 1752. 11~영조 30년(甲戌) / 1754. 9
- ▶ 재임 중 업적 : 공마(貢馬)의 분실사건으로 나거(拿去)됨

- ● 방문일시 : 1754년 초여름(甲戌 初夏)
- ● 직함 및 배행 : 관관 / 배행자 없음
- ● 특기사항 : 홍중징의 시 '등영구'(登瀛丘) 좌측 하단에 제액이 위치함

120

(4) 안세윤(安世潤)

- ▶ **재임기간** : 영조 30년(甲戌) / 1754. 9 ~ 영조 33년(丁丑) / 1757. 4
- ▶ **재임 중 업적** : 재임 이듬해 윤지(尹志)의 나주괘서(羅州掛書) 사건으로 김일경(金一鏡)의 아들 윤흥(允興)과 조카 6명이 육지의 유배소에서 제주 3읍으로 이배됨

- ● 방문일시 : 1755년 초여름(乙亥 初夏)
- ● 직함 및 배행 : 판관(判官)으로서 홍태두(洪泰斗) 목사 배행

(5) 김봉길(金鳳吉)

- ▶ **재임기간** : 정조 12년(戊申) / 1788. 1~정조 14년(庚戌) / 1790. 8
- ▶ **재임 중 업적** : 이임하는 해 6월 이국선(異國船)이 귀일포(貴日浦)에 표도(漂到)됨

- ● **방문일시** : 없음
- ● **직함 및 배행** : 직함 없이 이름만 있고 김정현(金正鉉)과 나란히 있음 (「관풍안」(觀風案) '판관' 명단에서 확인)

(6) 손응호(孫應虎)

▶ 재임기간 : 순조 9년(己巳) / 1809. 1~순조 11년(辛未) / 1811. 9
▶ 재임 중 업적 : 부임 이듬해 찰미헌(察眉軒)을 중수(重修) 함

● 방문일시 : 없음
● 직함 및 배행 : 판관으로서 이현택(李顯宅) 목사 배행

(7) 이필술(李必述)

- ▶ **재임기간** : 순조 25년(乙酉) / 1825. 5~순조 27년(丁亥) / 1827. 10
- ▶ **재임 중 업적** : 이임하는 해 제주 경차관(敬差官) 윤제홍(尹濟弘)을 불러 복명케 함

- ● **방문일시** : 없음
- ● **직함 및 배행** : 직함 없이 이름만 남김 / 아들 두남(斗南)·김재호(金在浩)(*대정현감)·강연(康綖)(*정의현감)·홍양섭(洪良燮)
- ● **특기사항** : 이필술(李必述)·김재호(金在浩)·강연(康綖)의 직함은 「관풍안」(觀風案)에서 확인함

(8) 이의겸(李義謙)

▶ **재임기간** : 순조 27년(丁亥) / 1827. 10~순조 29년(己丑) / 1829. 6
▶ **재임 중 업적** : 부임 이듬해 제주향교 용담동 소재의 자리로 이설 완료

● **방문일시** : 1828년 4월 1일(戊子年 四月 初一日)
● **직함 및 배행** : 판관(判官) / 배행자 없음
● **특기사항** : '浦口呑紅日'(포구탄홍일)의 오언절구 남김

(9) 고경준(高景晙)

- ▶ **재임기간** : 고종 20년(癸未) / 1883. 8~고종 22년(乙酉) / 1885. 4
- ▶ **재임 중 업적** : 시험관으로 제주유생 승보초시(陞補初試) 실시, 그의 송덕비 '判官高景晙去思碑'가 현재 화북동에 세워져 있음

- ● **방문일시** : 없음
- ● **직함 및 배행** : 판관(判官) / 배행자 없음
- ● **특기사항** : 제주출신의 판관임

(10) 강인호(康仁鎬)

▶ 재임기간 : 고종 25년(戊子) / 1888. 4~고종 26년(己丑) / 1889. 4
　*再任 : 고종 26년(己丑) / 1889. 10~고종 27년(庚寅) / 1890. 5
▶ 재임 중 업적 : 안효제(安孝濟)를 추자도로 유배시킴, 정의군 일관헌(日觀軒) 중수(重修)

● 방문일시 : 없음
● 직함 및 배행 : 판관(判官) / 배행자 없음
● 특기사항 : 제주출신의 판관으로서 후에 다시 정의군 군수로 부임함

(11) 홍우순(洪友淳)

▶ **재임기간** : 고종 광무7년(癸卯) / 1903. 7~고종 광무9년(乙巳) / 1905. 2
▶ **재임 중 업적** : 재임기간 동안 청백리로서 아전들은 간교를 부리지 않고 근신함

● **방문일시** : 1904년(甲辰)
● **직함 및 배행** : 군수(郡守) / 남만리(南萬里)(*대정현감)
● **특기사항** : 제주출신의 관리로서 제주군수를 지냄

3. 대정·정의현감(大靜·旌義縣監)

   (1) 노상희(盧尙熙)
   (2) 김재호(金在浩)
   (3) 강 연(康 綖)
   (4) 남만리(南萬里)

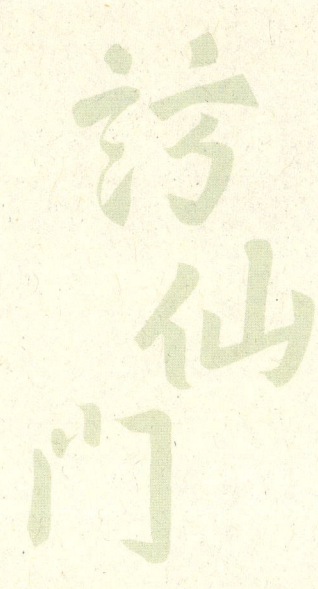

(1) 노상희(盧尙熙)

- ▶ 재임기간 : 순조 10년(庚午) / 1810. 2~순조12년(甲戌) / 1814. 4
- ▶ 재임 중 업적 : 의귀촌(衣貴村) 사람 김창언(金昌彦)의 부인 오씨(吳氏)를 정려(旌閭)함

- ● 방문일시 : 없음
- ● 직함 및 배행 : 정의(旌義)현감으로서 이현택(李顯宅) 목사 배행

(2) 김재호(金在浩)

- ▶ 재임기간 : 순조 25년(乙酉) / 1825. 2~순조 27년(丁亥) / 1827. 2
- ▶ 재임 중 업적 : 부임하는 해 대정현 인성촌(仁城村)의 차롱재(癡聾齋)를 윤경당(潤經堂)으로 개편함

- ● 방문일시 : 없음
- ● 직함 및 배행 : 직함 없이 이름만 남김, 정의현감 강연(康綖)과 함께 이필술(李必述) 판관(判官) 배행 (*「觀風案」'대정현감' 명단에서 확인)

(3) 강 연(康 綖)

▶ **재임기간** : 순조 25년(乙酉) / 1825. 5 ~ 순조 27년(丁亥) / 1827. 10
▶ **재임 중 업적** : 각종 관공서 건물을 수선하는 감역(監役)을 맡아 잘 처리함, 병조에서 그에 대한 포상 상신이 있었음

● **방문일시** : 없음
● **직함 및 배행** : 직함 없이 이름만 남김, 대정현감 김재호(金在浩)와 함께 이필술(李必述) 판관(判官) 배행 (*「관풍안」(觀風案) '정의현감' 명단에서 확인)

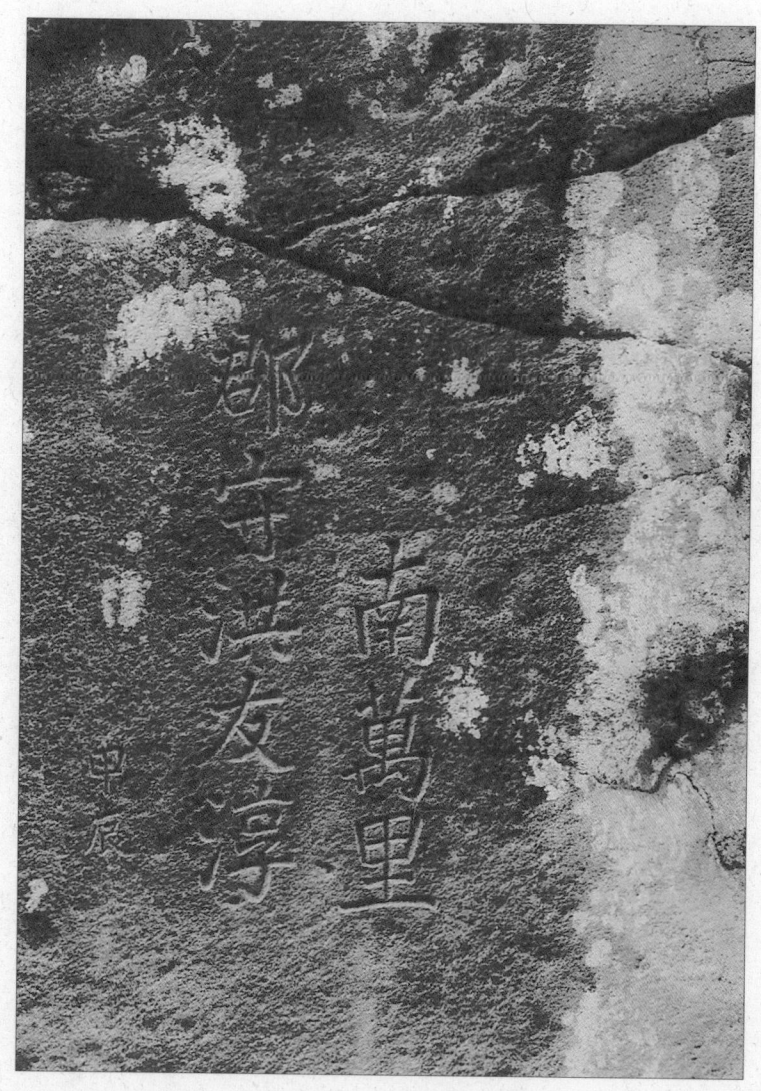

(4) 남만리(南萬里)

- ▶ **재임기간** : 고종 광무6년(壬寅) / 1902. 7~순종 융희1년(丁未) / 1907. 9
- ▶ **재임 중 업적** : 대정현감으로 재직할 당시에 쓴 『탐라지』(耽羅誌)가 있음

- ● **방문일시** : 1904년(甲辰)
- ● **직함 및 배행** : 직함 없이 이름만 남김 / 좌측에 군수 홍우순(洪友淳)이 있음 (*「관풍안」(觀風案) '대정현감' 명단에서 확인)

4. 기타 인사(其他 人士)

   (1) 최익현(崔益鉉)
   (2) 한학수(韓學洙)

(1) 최익현(崔益鉉)

- **방문일시** : 1875년(乙亥)
- **직함 및 배행** : 참판(參判) / 이기온(李基瑥)
- **특기사항** : 방선문 입구 상단에 제명(題名)이 위치함, 유배가 풀리자 한라산 등반 후「유한라산기」(遊漢拏山記)를 남김

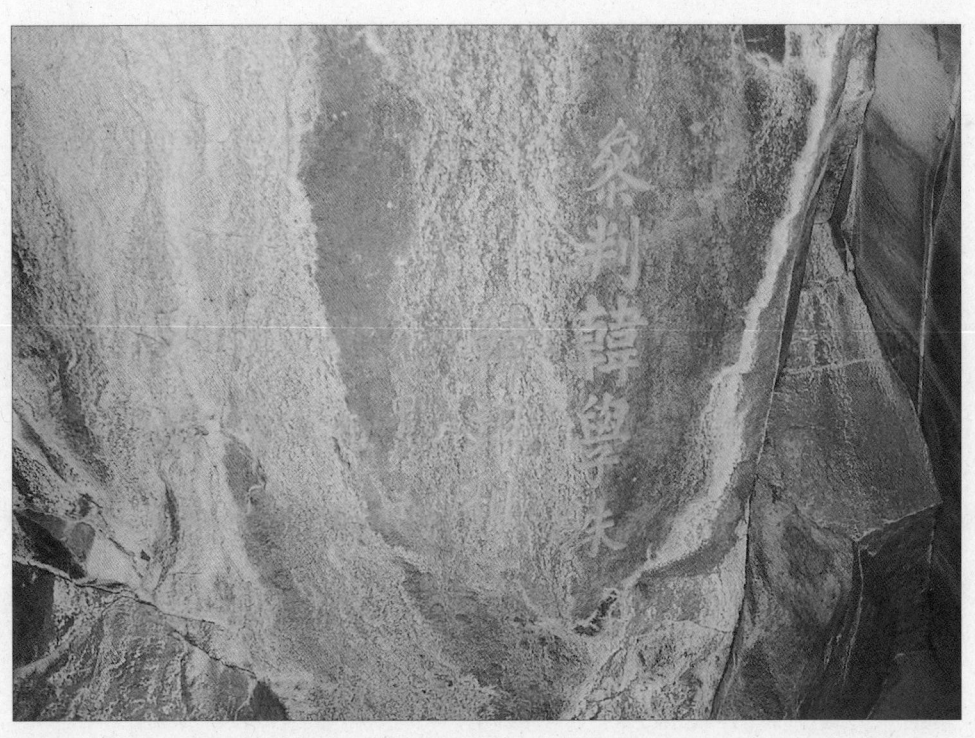

(2) 한학수(韓學洙)

- **방문일시** : 1848년(戊申)
- **직함 및 배행** : 참판(參判) / 한익상(韓翊祥)
- **특기사항** : 방선문 천장에 제명(題名)이 위치함

5. 회원단체(會員團體)

   (1) 풍영록(風詠錄) (총회원 20인)
   (2) 수운계(搜雲契) (총회원 15인)
   (3) 동유(同遊) (총회원 10인)

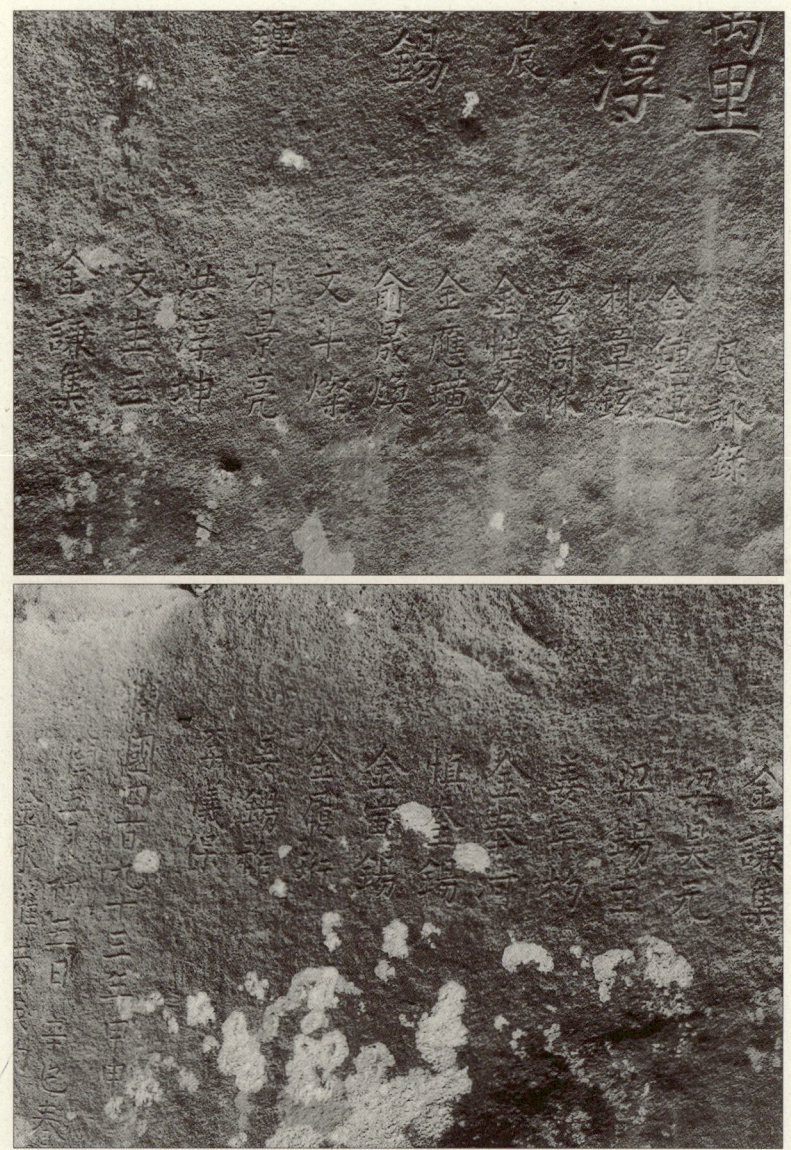

(1) 풍영록(風詠錄) (총회원 20인)

- **모임성격** : '풍영'(風詠)이란 명칭에서 한시(漢詩) 시작(詩作) 등의 활동을 함께 해온 동호인 모임으로 추정됨
- **회원명단** : * 순번은 제명(題名) 순서임
  ① 김종운(金鍾運) ② 박장현(朴章鉉) ③ 현상휴(玄商休) ④ 김성구(金性久)
  ⑤ 김응황(金應璜) ⑥ 유성환(兪晟煥) ⑦ 문두찬(文斗燦) ⑧ 박경량(朴景亮)
  ⑨ 홍순곤(洪淳坤) ⑩ 문규삼(文圭三) ⑪ 김겸집(金謙集) ⑫ 양호원(梁昊元)
  ⑬ 양석규(梁錫圭) ⑭ 강종표(姜宗杓) ⑮ 김봉하(金奉河) ⑯ 신규석(愼奎錫)
  ⑰ 김인석(金寅錫) ⑱ 김이형(金履珩) ⑲ 강석조(姜錫祚) ⑳ 이의보(李儀保)

- **모임일시** : 개국 493년 (甲申) / 1884년 (윤) 5월 5일
- **개수일시** : 1941년 봄 (辛巳 春)
- **개수 담당** : 김영권(金永權) · 홍의표(洪義杓)
- **특기사항** : '풍영록'(風詠錄) · '수운계'(搜雲契) · '심현택'(沈賢澤) 등의 제액년도가 공통적으로 1884년(甲申)으로 나타남

(2) 수운계(搜雲契) (총회원 15인)

- ▶ **모임성격** : '수운'(搜雲)이란 명칭에서 사상과 시국을 논하는 동호인 모임으로 추정됨
- ▶ **회원명단** : * 순번은 제명(題名) 순서임
  - ① 강욱빈(姜郁彬)　② 한정유(韓禎裕)　③ 신재규(愼哉揆)　④ 김용규(金庸圭)
  - ⑤ 김병호(金炳鎬)　⑥ 김계병(金啓柄)　⑦ 강두훈(姜斗勳)　⑧ 강우백(姜遇伯)
  - ⑨ 오규영(吳圭瀛)　⑩ 이능백(李能白)　⑪ 김연백(金鍊百)　⑫ 이원필(李源弼)
  - ⑬ 문두남(文斗南)　⑭ 강사호(姜師鎬)　⑮ 박남악(朴南岳)
- ● **모임일시** : 개국 493년(甲申) / 1884년 (윤) 5월 초5일
- ● **특기사항** : '풍영록'(風詠錄)·'수운계'(搜雲契)·'심현택'(沈賢澤) 등의 제액년도가 공통적으로 1884년(甲申)으로 나타남

(3) 동유(同遊) (총회원 10인)

- ▶ **모임성격** : '동유'(同遊)란 명칭에서 친목단체로 추정됨
- ▶ **회원명단** : * 순번은 제명(題名) 순서임
  ① 박민현(朴敏賢) ② 이정협(李禎恊) ③ 백상지(白尙志) ④ 이 급(李 級)
  ⑤ 신○○(申○○) ⑥ 이영협(李榮恊) ⑦ 백상화(白尙華) ⑧ 신 변(申 汴)
  ⑨ 이명협(李明恊) ⑩ 백상수(白尙粹)

- ● **모임일시** : 미상
- ● **특기사항** : 제액된 내용의 부기형태가 모두 '漢山後人 李禎恊 辛未仲深 居淳昌'(한산후인 이정협 신미중심 거순창)이란 형식으로 씌어져 회원의 본·성명·생일(?)·거주지 형식을 쓰고 있음

3 訪仙門・瀛邱春花의 文獻記錄
방선문・영구춘화의 문헌기록

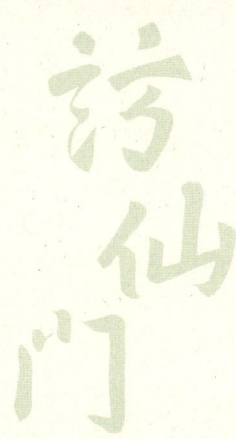

[해제解題] (1) 金緻(김치)의 「遊漢拏山記」(유한라산기)

「遊漢拏山記」(유한라산기)는 광해군 1년(己酉, 1609) 3월에 제주판관으로 부임한 김치(金緻)가 부임한 지 한 달 만에 제주관아 소속의 민응생(閔應生), 이효성(李孝誠), 정인수(鄭麟壽)와 동행하여 한라산을 오르고 난 뒤 소감을 적은 글이다. 그 중 방선문을 잠깐 다녀간 기록의 부분을 옮겨놓은 것이다.
'躑躅杜鵑照輝於岩石之間縱目閑吟疑在畵圖中' (철쭉과 진달래가 바위틈에서 그 광채를 빛내고 있어 눈길 닿는 대로 한가로이 읊조리노라면 마치 한 폭의 그림 속에 들어가 있는 착각을 불러일으킨다)라는 표현에서 보듯이 참꽃들로 장관을 이룬 방선문 계곡의 봄풍경이 잘 그려져 있다.

(2) 李益泰(이익태)의 『知瀛錄』(지영록)

이익태(李益泰) 목사는 숙종 20년(甲戌, 1694) 7월에 부임한 후 연무정(演武亭)과 운주당(運籌堂)을 중건(重建)하는 등 재임 2년 간 많은 업적을 남겼다. 『知瀛錄』(지영록)은 그가 제주목사로 재임하는 동안의 기록을 일기체의 형식으로 서술한

163

책인데, 그의 방선문 방문기록이 담겨 있다.

들렁귀의 한자어 표기로서 '거암곡'(擧巖谷: 들+엄+괴)을 쓰고 있음에서 순수한 제주말인 들렁귀의 의미가 '들러진 엉덕 괴'(바위굴)라는 사실을 확인하게 된다. 그의 칠언율시의 작품 중 '雙溪直下漢挐中 會合臺前鷰尾同'(한라산에서 바로 아래로 흐르던 두 갈래 시내가 석대 앞에서 함께 모임이 제비꼬리와 같네)이라는 표현은 방선문 마액각 제영 중 영초(瀛樵)의 시에 나오는 '溪流燕尾分'(계곡물 제비꼬리처럼 두 갈래로 나뉘었네)이라는 표현에 영향을 준 듯하다. 그리고 마지막 구의 '淸遊'(청유 - 고상한 풍취놀음)란 표현 역시 이의겸의 시 '淸遊宜此夕'(고상한 풍취놀음 오늘밤이 제격이네)에서 쓰이고 있다.

(3) 金㬊(김 정)의 『蘆峰文集』(노봉문집)

김정(金㬊) 목사는 영조 11년(乙卯, 1735) 4월에 도임하고, 그 후 2년 뒤 9월 제주에서 생을 마감했다. 평소 한시 등 많은 글을 남긴 김 목사의 작품들이 사후 『蘆峰文集』(노봉문집)으로 집대성하여 편찬되었다. 그 중 방선문과 관련된 기록과 한시 2편이 바로 이 글이다.

'들렁귀'의 한자어 표기로서 '천롱곶'(穿弄串 : 뚫+렁+곶)이라는 이두식 표기를 쓰고 있음이 확인된다. 또한 칠언율시 가운데 '石竇奇形便一廬'(돌구멍의 기이한 형태 언뜻 보아 초가집 같네)라는 표현에서 보듯이 방선문을 하나의 문이 아닌 초가집으로 보고있음이 특징이다. '石竇'(석두 : 돌구멍)라는 표현은 홍중징(洪重徵)의 시 '石竇呀然處'(뚫어진 바위 구멍 입을 크게 벌린 듯)에서도 찾아볼 수 있다.

(4) 李源祚(이원조)의 『耽羅錄』(탐라록)

헌종 7년(辛丑, 1841) 윤 3월 제주목사로 부임한 이원조(李源祚) 목사는 재임 2년 동안 『耽羅錄』(탐라록)과 『耽羅之草本』(탐라지초본)이라는 두 권의 책을 남겼다. 『耽羅錄』(탐라록)에는 '瀛洲十景題畫屛'(영주십경제화병)의 칠언절구(七言絶句) '瀛邱賞花'(영구상화)와 방선문을 다녀온 기록과 함께 두 편의 칠언율시(七言律詩)가 있다. 여기에서 흥미를 끄는 것은 '瀛邱賞花'(들렁귀에서의 봄꽃 구경)를 영주십경(瀛洲十景) 중 제일경(第一景)으로 삼고 있다는 점이다.

참고로 이원조(李源祚) 목사가 선정한 영주십경을 소개하면 다음과 같다.

① 瀛邱賞花(영구상화)   ② 正房觀瀑(정방관폭)   ③ 橘林霜顆(귤림상과)
④ 鹿潭雪景(녹담설경)   ⑤ 城山出日(성산출일)   ⑥ 紗峯落照(사봉낙조)
⑦ 大藪牧馬(대수목마)   ⑧ 山浦釣魚(산포조어)   ⑨ 山房窟寺(산방굴사)
⑩ 瀛室奇巖(영실기암)

(5) 李源祚(이원조)의 『耽羅之草本』(탐라지초본)

이 책의 형승(形勝)편에 '등영구'(登瀛邱)를 소개하며 아울러 마애각(磨崖刻) 제영(題詠) 3수를 소개하고 있다.

처음 소개한 오언절구 '石竇呀然處'(석두하연처)는 홍중징(洪重徵)의 시가 분명한데 이명준(李命俊)이라고 잘못 소개하고 있다. 이는 앞의 소개된 『耽羅錄』(탐라록)에서도 방선문 마애각 제영의 대표로 이명준을 꼽은 것과 마찬가지의 오류임이 분명하다. 아마도 제액된 글씨 '登瀛丘'(등영구) 우측에 '李命俊'(이명준)의 제명이 크게 남아있는 것으로 인해 잠시 착각한 것 같다.

한편 이 책에 소개된 이원달(李源達) 목사의 오언율시(五言律詩) '遊子窮海外'(유자궁해외)는 현재 방선문 제영으로 찾아보기가 어렵다. 본래 바위에 새겨져 있던 시가 세월이 흐르면서 마멸된 것으로 보인다. 실제로 방선문 안쪽 바위에 글씨를 새겼던 몇몇 흔적이 현재 남아있긴 하다. 그것이 그의 시가 새겨졌던 곳인지는 확실치 않고 다만 추정해볼 뿐이다.

(6) 金允植(김윤식)의 『續陰晴史』(속음청사)

조선조 고종때 외무대신을 지낸 문신으로서 63세에 제주에 유배되어 온 김윤식(金允植)이 일기체의 형식으로『續陰晴史』(속음청사)라는 책을 남겼는데 그 중에 방선문과 영구춘화의 기록이 담겨있다.
'訪仙門'(방선문)과 '登瀛邱'(등영구) 각 3자, 오언절구의 마애각 내용과 계곡 일대에 피어난 꽃을 영산홍(暎山紅)이라 소개하고 있다. 아울러 돌을 짚고 몇 층 올라가 우선대(遇仙臺)에서 잠시 머물고 난 뒤 방선문으로 내려와 퉁소와 북 등의 악기소리에 풍류를 즐기고, 준비한 약간의 떡과 밥을 먹은 것으로 기록하고 있다.

(7) 南萬里(남만리)의 『耽羅誌』(탐라지)

고종광무 6년(壬寅, 1902) 7월에서 순종 융희 1년(丁未, 1907) 9월까지 5년간 대정현감으로 재임했던 남만리의『耽羅誌』(탐라지)의 기록은 이원조 목사의『耽羅之草本』(탐라지초본)의 내용과 거의 대동소이하다. 아마도 그 책을 저본(底本)으로 하여 편찬했기 때문이라고 생각된다.
소개된 내용 중 본래 홍중징(洪重徵)의 시인데 이원조 목사의 책에 '이명준'(李命俊)으로 잘못 소개한 내용을 홍중징으로 바로잡아 놓은 것 외에는 거의가 동일하다.

(8) 崔益鉉(최익현)의 「遊漢拏山記」(유한라산기)

한말 고종 때의 문신이자 대학자인 면암(勉庵) 최익현(崔益鉉) 선생은 대원군 탄핵상소로 권신들의 반발을 사서 고종10년(1873) 제주에 유배되어 오게 된다. 그 후 유배가 풀리면서 제주의 문인 이기온(李基瑥)과 함께 한라산을 등정한 후「遊漢拏山記」(유한라산기)를 남겼다. 한라산을 오르는 도중 방선문을 잠시 거쳐간 기록이 바로 이것이다. 현재 방선문 입구 상단에 최익현(崔益鉉)과 동행한 이기온(李基瑥)의 마애각 제명이 함께 남아있다.
한편 『心齋集』(심재집)에는 방선문을 소재로 한 최익현 선생의 오언절구(五言絶句) 1수가 소개되고 있다.

(9) 金錫翼(김석익)의 『심재집』(心齋集)

「耽羅紀年」(탐라기년)으로 유명한 한학자이자 향토사학가인 김석익(金錫翼) 선생의 글들이 『心齋集』(심재집) 2권으로 간행되었다. 그 속의 「耽羅誌」(탐라지)편 형승(形勝) 항목에 '등영구'(登瀛邱)에 대한 소개의 내용이 바로 이 글이다. 방선문(訪仙門)과 우선대(遇仙臺)에 대한 소개와 아울러 여기에는 예로부터 수많은 소인묵객(騷人墨客)의 왕래가 잦았음이 언급되고 있다.
수많은 제영들이 있지만 다 옮길 수 없다면서 특별히 최익현(崔益鉉) 선생이 남긴 오언절구(五言絶句)의 시를 대표로 소개하고 있다.

(10) 愼鴻錫(신홍석)의 『禾菴詩集』(화암시집)

제주시 화북동에서 태어나서 아호를 '화암'(禾菴)이라 한 신홍석(愼鴻錫)은 일제강점기시 제주의 문사(文士)로서 그의 한시 작품 2백여 수 가운데 일부를 모아 『禾菴詩集』(화암시집)으로 엮어냈다. 그 가운데 '登瀛邱'(등영구) 제하(題下)의 칠언율시(七言律詩) 1수와 '瀛邱春花'(영구춘화) 제하의 칠언율시 2수가 실려 있다.

(11) 淡水契(담수계)의 『增補 耽羅誌』(증보 탐라지)

김문희(金汶熙), 김범준(金範埈) 등 12인으로 결성된 담수계(淡水契)란 단체에서 단기 4286년(1953)에 『增補 耽羅誌』(증보 탐라지)를 편찬해냈다. 국한문혼용체로 된 이 책은 이전의 탐라사(耽羅史) 관련 자료를 종합하여 분류하고, 각 분야별로 나누어 집필되었다. 다만 인쇄 형태가 프린트물 형이라서 글들의 자획이 다소 선명치 못한 아쉬움이 없지 않지만 다소 생소한 내용들까지 상세히 다루고 있어 제주향토사 연구에 중요한 사료로 위치한다고 본다.

영구(瀛邱)를 소개하면서 무지개 형 돌문을 방선(訪仙)이라 하고 석대(石坮)를 우선(遇仙)이라 한다는 내용과 함께 이곳이 영주12경의 하나라고 소개하고 있다. 아울러 8편의 한시가 소개되고 있다. 이 가운데 이원달(李源達)의 오언율시(五言律詩)와 김희두(金熙斗)의 칠언절구(七言絶句)를 제외한 나머지 6수는 모두 칠언율시(七言律詩)의 형태를 띠고 있다.

(12) 李殷相(이은상)의 「漢拏山登攀記」(한라산등반기)

노산(鷺山) 이은상(李殷相) 선생이 1937년 7월 한라산을 오르며 방선문에 대해 들은 이야기를 소개한 국한문혼용체의 글이다. 하늘이 지은 무지개와 같이 휘어진 홍예문(虹霓門), 방선문(訪仙門), 우선대(遇仙臺)를 승경(勝景)이라 소개하며, 노정(路程)의 형편상 그곳에 들르지 못하고 지나감을 아쉬워하는 내용이 담겨 있다.

(13) 瀛洲十景歌(영주십경가) 중 '瀛邱春花'(영구춘화)

영주십경가(瀛洲十景歌) 중 제2경으로 등장하는 게 바로 '영구춘화'(瀛邱春花)다. 4·4조의 창가 형식으로 국한문 혼용체의 어휘로 되어 있다. 방선문, 우선대 등의 주변 풍경을 꾀꼬리, 종달새, 두견화 등을 등장시켜 삼춘가경(三春佳景)을 노래함이 특징이다.

[원문原文]

■ 金織의 「遊漢拏山記」

「…及到官十餘日與閔君應生語及漢拏之勝閔謂余曰子若早晚乘閑一遊老夫亦從之耳余曰仙境難逢人事好乖簿牒控愡殆無暇日古人云了官事癡若待了却官事不幾於癡乎遂與決計偕閔君及李孝誠鄭麟壽輩聯鑣出城時值四月八日天雨初霽風日暄妍平郊如掌芳草鋪茵緣水鐵川邊信馬而上躑躅杜鵑照輝於岩石之間縱目閑吟疑在畫圖中行到二十餘里憩于岸上俯瞰絶潤滿壑靑林蔥篟可愛打話移時日已亭午遂上馬入山…」

                                                * 金織, 「遊漢拏山記」 『南槎日錄』(濟州文化院, 2001), 219 - 225쪽(원문).

■ 李益泰의 『知瀛錄』

八月 十九日 : 更欲登覽漢拏上峯凌晨促行單騎馳至中臺陰雲四塞還下擧巖谷(俗名 들엄괴)雙溪會合北流泉石淸潔有一大岩連崖橫載谷口中通大穴如門躑躅楓樹等花卉交列於左右倉壁之岸最宜於春秋遊觀而石川常多斷流之時未見潺湲之聲是可久也吟亦同遊

雙溪直下漢拏中	會合臺前鷰尾同
岩面聯潭磨似鏡	石門跨壑臥如虹
落霞殘照秋容淡	琪樹懸崖暮色紅
絶境天慳應有意	淸遊此日是仙翁

* 李益泰 著, 『知瀛錄』(濟州文化院, 2001), 84 - 85쪽(원문).

■ 金 儆의 『蘆峰文集』

● 穿弄串

在三所場內俗呼偁而訛仍其聲而改之曰穿弄串弄洞壑接連之別名弇山園亦有鐵笛弄串則峽名多有之蓋一弄橫處兩壑之間中若穿鑿者然

石弄跨虛勢貫通
擡頭左右見靑空
奇觀尙在陽明界
絶勝金寧入地中

● 次通判韻

鼓角喧天日出初	偁人報道備遊車
故都遺跡成千古	石竇奇形便一廬
滿壑雲根瓊玉散	殿春花蕚錦紋如
仙區尙未逢知遇	爲錫佳名俚語除

* 金儆 著, 『蘆峰文集』(濟州文化院, 2001), 308 - 310쪽.

■ 李源祚의 『耽羅錄』

● 瀛洲十景題畵屛
　　瀛邱賞花(第一景)

　　廣闊幽深境不齋　　　　就中奇絶卽山溪
　　春風水入飛仙窟　　　　躑躅花前海鳥啼

閏三月二十七日：晴往遊登瀛邱册室幕寮及判官皆從出南門二十里石田嵓逕無一開眼到設幕處左右顧視但見兩崖中圻花色微見於林樾間令侍者前導循溪岸而下促促步武如入深坑及到溪底巨石錯立兩崖楓檀芍藥躑躅方盛開花色淡赤大瓣繁英絶異於陸種紅綠相映極有佳趣小移十餘步兩潤合流處中圻爲石門上如屋籠其中可容百餘人前面有李命俊所題登瀛邱三字五古一絶石刻前後題名殆遍石面嚴氣崛律林氣茂鬱花氣芳馥水氣清冷令人者蟬蛻物累之意而但恨處地幽深無高明爽朗之觀陰寒逼人不宜久居遂移席於溪邊巖上命妓揷花而舞釖命伶人坐石而鼓樂盡日酣暢儘是不易得之絶境也歸路歷觀三姓穴三穴如鼎足旣盡闖塞畧有形址穴傍有短碑碑東十餘步有神庫莊祭器繚以石坦坦內外有古松百餘章蒼鬱有佳氣羣鳥競梟於其上

　　登瀛邱與伯氏拈韻

　　俯視瞠然首復昂　　　　就中崖壁氣堂堂
　　紛紅亂綠爭圍帳　　　　兩合雙縫似括囊
　　急瀑何年穿石竇　　　　遊人今日坐巖廊
　　怪他留刻題登字　　　　地底幽深是別鄕

　　瀛洲傲吏氣昂昂　　　　去躡危梯坐若堂
　　籠境漸佳輕謝履　　　　花籌頻折富奚囊

171

衆香城裏多埼邏　　萬石家中列屋廊
早晚拏雲頂上到　　眼看無際卽仙鄕

　　　　　　　　* 李源祚 著,『耽羅錄』(影印本)(濟州大學校 耽羅文化硏究所, 1989), 44 - 50쪽.

■ 李源祚의『耽羅之草本』

● **形勝 - 登瀛邱**
　登瀛邱在州南十五里漢拏北麓之水咸注於此斷崖千尺有大石下垂爲虹門中可坐四五十人兩邊杜鵑躑躅菀然成林花發時上下通紅

● **李命俊 詩**
　　石竇呀然處　　巖花無數開
　　花間管絃發　　笙鶴若飛來

● **韓鼎運 詩**
　　亂石況雲合　　幽花向日開
　　仙人不可見　　我輩祇空來

● **李源達 詩**
　　遊子窮海外　　圓嶠豈人間
　　亂石開川口　　飛花鮮客顔
　　十年勞郡綬　　今日有名山
　　臨別摩挲意　　孤舟倘載還

　　　　　　　　* 李源祚 著,『耽羅誌草本』(影印本)(濟州大學校 耽羅文化硏究所, 1989), 44 - 50쪽.

■ 金允植의 『續陰晴史』

● 瀛邱遊覽・訪仙門

五月 十三日(十六日 丁亥) : 晴大風, 午後風微, 瀛邱之游, 退定於今日, 余以滯泄方服藥, 且風勢甚惡, 然不可更退, 借騸馬, 與主人・養泉・葵園・蘭汀・繡山・我石・朴監役秀陽・李公三・崔文謙・趙雲成・朴再成・張東鶴, 共出南門, 獰風撲帽, 人馬辟易, 行十五里, 抵登瀛邱, 石廬在谿谷中, 攀蘿涉磴歷級而下, 有石門穿豁, 門內石廬穹窿, 可庇百人, 石廬外有盤石, 清泉可以漱濯, 石門題訪仙門三字, 又刻登瀛邱三字幷五絶一首, 此外題名頗多, 岩間石縫, 花木叢生, 一望如錦繡, 皆暎山紅也, 攀石而上幾層, 有遇仙臺, 亦堪賞玩矣, 還坐石廬內, 諸人會喫餠飯, 吹簫擊鼓, 聲振林樾, 日向暮還程, 天淨無風, 望月初升, 少憩社稷, 還寓, 月色滿庭, 諸人餘興未盡, 或歌或舞, 喧笑而罷.

* 金允植 著, 『續陰晴史』(濟州文化院, 1996), 86쪽(원문).

■ 南萬里의 『耽羅誌』

● 形勝 - 登瀛邱

登瀛邱在州南十五里漢拏北麓之水咸注於此斷崖千尺有大石下垂爲虹門中可坐四五十人兩邊杜鵑躑躅菀然成林花發時上下通紅

● 洪重徵 詩

　　石竇呀然處　　巖花無數開
　　花間絃管發　　笙鶴若飛來

● 韓鼎運 詩

　　亂石況雲合　　幽花向日開
　　仙人不可見　　我輩祇空來

173

● 李源達 詩
　　遊子窮海外　　圓嶠豈人間
　　亂石開川口　　飛花鮮客顔
　　十年勞郡綏　　今日有名山
　　臨別摩挲意　　孤舟倘載還

*南萬里 著,『耽羅誌』(影印本)(濟州大學校 耽羅文化硏究所, 1989), 26쪽.

■ 崔益鉉의「遊漢拏山記」

● …時三月二十七日甲子也出自南門行十里許途傍有一溪漢拏北麓之水於此會注而入海遂立馬岸上緣崖下數十步兩邊蒼壁削立當中有石橫跨作門形長廣容十人高可二丈夾刻訪仙門及登瀛邱六字亦有前人題品卽十景之一門內外上下淸沙白石磨礱潤澤眩人眼目水團躑躅列植左右方蓓蕾丰容亦其奇絕盤桓少頃殊無歸志…

*崔益鉉,「遊漢拏山記」『옛사람들의 登漢拏山記』(제주문화원, 2000), 122쪽.

■ 金錫翼의『心齋集』

● 形勝 - 登瀛邱
登瀛邱在州南十五里大川之間左右懸崖中有大石俯作虹門名曰訪仙自訪仙而入踰一重層壁又有盤石如垟者名曰遇仙皆有品題若値春和尺朗杜鵑躑躅照曜岩壁上下通紅眞絕世仙境也自古騷人墨客往來不絕其所題詠不可盡述

● 崔益鉉 詩
　　知是由天作　　翻疑禹鑿開
　　仙豈留下界　　爲惹俗人來

*金錫翼,「耽羅誌」『心齋集(2)』(濟州文化社, 1990), 205쪽.

■ 愼鴻錫의 『禾菴詩集』

● 登瀛邱

靄雲要我洞天開	半壁高門物外嵬
四月山深春始到	千年地勝客初來
遠川聽水閒依杖	掃石看花滿引杯
欲識箇中奇絶處	請君須上遇仙臺

● 瀛邱春花 二首

陽春召我上山亭	碧杜紅蘅十里汀
奇峯粧出曨脂骨	曲岸開來錦繡屏
林間戲蝶紛紛見	谷口流鶯處處聽
不覺仙區天薄暮	江邨漁火散如星

● 其二

洞天雲樹夾層巖	爛熳香葩得意咸
恩謝靑皇開錦袖	色猜紅妓拂羅衫
杏村祇有牧童笛	桃岸更無漁子帆
勝賞猶多塵世外	紫霞深處羽仙監

* 金浹·愼鴻錫 著, 『老橘詩集·禾菴詩集』(濟州文化院, 2000), 376 - 378쪽.

■ 淡水契의 『增補 耽羅誌』

● 瀛邱 : 濟州邑 梧登境 上에 在하니(卽漢川 上流), 漢拏山 北麓의 水가 다 此에 注入하니 斷崖가 千尺이오, 中門에 大石이 有하야 虹門을 俯成하니 可坐百人이라. 兩邊에 杜鵑躑躅이 宛然成林하야 花開時에는 上下通紅이라. 騷人墨客이 乘春登臨하면 飄然히 塵世에 高出한 感이 有한다. 虹門을 訪仙이라 名하고, 石坮를

遇仙이라 名하니, 瀛洲十二景의 一 瀛邱春花라.

● 李源達 詩

　　遊子窮海外　　圓嶠豈人間
　　亂石開川口　　飛花鮮客顔
　　十年勞郡綬　　今日有名山
　　臨別摩挲意　　孤舟倘載還

● 李漢震 詩

　兩岸春風歟百花　　花開一路線如斜
　天晴四月飛紅雪　　地近三淸暎紫霞
　影入溪群通活畵　　香生仙語隔烟紗
　諸君須向上頭去　　應有碧桃王母家

● 李容植 詩

　昔誰靈境手栽花　　萬朶臙脂兩崖斜
　金坍日晩愁紅雨　　玉洞風晴眠紫霞
　俗王侈詩香滿筆　　仙娘妬巧色籠紗
　緣溪將泛漁舟訪　　紅國何邊道士家

● 金昌鉉 詩

　一面瀛邱各樣花　　雨餘千朶向陽斜
　仙誰所種猶和露　　客或相尋竟醉霞
　照水粼粼紅漾錦　　含煙漠漠翠籠紗
　此間眞有桃源在　　謝絶塵緣願置家

● 金龍洙 詩

　繞岸東風樹樹花　　南枝齊統並枝斜

林香細濕過微雨　　山色通明捲晚霞
　　芳蝶一身飛白粉　　佳人雙袖暎紅紗
　　共君嶺略春多少　　仙國生涯是富家

● 劉淡 詩
　　瀛洲無處不開花　　萬樹葱籠一逕斜
　　牧丹坡上臙脂雨　　桃李園中爛熳霞
　　探香別界粧紅繡　　題品高樓掩碧紗
　　詩酒好賓多此地　　風流不盡主人家

● 金義正 詩
　　瀛邱深處摠奇花　　緩步來尋石逕斜
　　地秘天年閑日月　　春回萬樹別烟霞
　　漁郎迷路紅羅網　　仙女映膚翠捲紗
　　洞裏幽香長自在　　何曾淪落世人家

● 金熙斗 詩
　　天作瀛邱上有坮　　賞春遊子出塵埃
　　兩岩落花流水去　　中間奇石洞門開

　　　　　　　　　* 淡水契 編, 『耽羅誌』(프린트본)(淡水契, 1954), 68 - 69쪽.

■ 李殷相의「漢拏山登攀記」

● 1937년 7월 28일, 새는 날 이른 아침 출발을 약속한 오전 5시. 오늘이야말로 이 먼 행사의 최대 목적인 한라산 등산의 길에 오르는 날이다.(중략)
…얼마 아니하여 길은 바른편으로 꺾여 영구(瀛邱)라는 계곡을 따라 들어가면, 천성의 홍예문(虹霓門 : 무지개문)과 그 아래 넓은 반석(盤石)이 있는데, 이름하여

방선문(訪仙門 : 신선을 찾는 문) 우선대(遇仙臺 : 신선을 만나는 누대)라 하는 승경(勝景 : 빼어난 경치)이 있다고 하나 노정(路程)이 다르므로 그냥 지나 산천단 앞에 이르렀다….

* 이은상, 「한라산등반기」, 『옛사람들의 登漢拏山記』(濟州文化院, 2000), 160쪽.

■ 瀛洲十景歌 中 '瀛邱春花'

● 第二景 瀛邱春花

三三五五 作伴하야	瀛邱를 찾아가니
訪仙門이 두렷하다	訪仙門下 맑은 샘은
彈琴聲을 자아내고	兩岸에 杜鵑花 피고
柳幕에 꾀꼬리 노래하며	空中에 종달새 울제
詩人墨客 오고가니	작작히 붉은 꽃은
萬民을 代表하야	바람에 너훌너훌
춤추며 환영한다	柳條 등만 휘여잡고
허유허유 올라가니	遇仙臺가 여기로다
신선은 간 곳 없고	古人行跡 歷歷이 그려있다
여기 앉여 詩를 읊고	꽃 따서 냄새 맡고
徘徊顯힐 구경할제	붉은 丹자 푸를 靑은
가지가지 丹靑이라	春興을 모두우니
三春佳景이 여기로다.	

* 濟州新報社 編, 『濟州道誌(제1집)』(제주신보사, 1962), 114 - 115쪽.

■ 춘원(春園)의 영주십경도10곡병(瀛州十景圖十曲屛) 중 '영구춘화' (瀛邱春花)

※ 제주대학교 박물관 편, 『博物館圖錄(書畵類)』(제주대학교 박물관, 2003), 20쪽.

참고문헌

구인환. 『배비장전』. (주)신원문화사, 2003.

金奉玉 譯. 『朝鮮王朝實錄中 耽羅錄』. 제주문화방송, 1986.

김봉옥. 『증보 제주통사』. 도서출판 세림, 2001.

金錫翼. 『心齋集』(1)(2). 제주문화사, 1990.

金允植 著(金益洙 譯). 『續陰晴史』. 濟州文化院, 1996.

金攸 著(金益洙 譯). 『蘆峰文集』. 濟州文化院, 2001.

김지홍·원창애 공역. 『제주삼읍교학사료집』. 전국문화원연합회제주도지회, 2003.

金粲洽 編著. 『20世紀 濟州人名事典』. 濟州文化院, 2003.

金浹·愼鴻錫 著(金益洙 譯). 『老橘詩集·禾菴詩集』. 濟州文化院, 2000.

南萬里. 『耽羅誌』(影印本). 제주대학교 탐라문화연구소, 1989.

淡水契 編. 『增補 耽羅誌』. 프린트 인쇄물, 1953.

李相殷 監修. 『漢韓大字典』. 民衆書林, 1981.

李源祚. 『耽羅錄』(影印本). 제주대학교 탐라문화연구소, 1989.

李源祚. 『耽羅誌草本外』(影印本). 제주대학교 탐라문화연구소, 1989.

李允熙 譯解. 『譯解 參同契闡幽』. 여강출판사, 2000.

李益泰 著(金益洙 譯). 『知瀛錄』. 濟州文化院, 2001.

李增 著(金益洙 譯). 『南槎日錄』. 濟州文化院, 2001.

이희승 편저. 『국어대사전』. 民衆書林, 1996.

林悌 著(신호열·임형택 공역). 『白湖全集』(上·下). 창작과비평사, 1997.

濟州大學校 博物館 編. 『博物館 圖錄(書畵類)』. 濟州大學校 博物館, 2003.

제주동양문화연구소 편. 『濟州島磨崖銘』. 제주도, 2000.

제주문화원 편. 『옛사람들의 登漢拏山記』. 제주문화원, 2000.

제주사정립사업추진위원회 편. 『備邊司謄錄 濟州記事』. 제주도, 1999.

제주사정립사업추진위원회 편. 『承政院日記 濟州記事』(上·下). 제주도, 2001.

제주시 편. 『濟州市碑石一覽』. 제주시, 2002.

濟州新報社 編. 『濟州道誌』. 제주신보사, 1962.

한라일보 한라산학술대탐사팀 편. 『한천』. 한라일보사, 2004.

弘字出版社 編. 『最新弘字玉篇』. 弘字出版社, 1979.